여의도 맞벌이 부부가
잘사는 법

여의도 맞벌이 부부가 잘사는 법

발행일	2018년 2월 23일			

지은이	여의도 조이부부			
펴낸이	손 형 국			
펴낸곳	(주)북랩			
편집인	선일영	편집	권혁신, 오경진, 최승헌, 최예은
디자인	이현수, 김민하, 한수희, 김윤주, 허지혜	제작	박기성, 황동현, 구성우, 정성배
마케팅	김회란, 박진관, 유한호		
출판등록	2004. 12. 1(제2012-000051호)		
주소	서울시 금천구 가산디지털 1로 168, 우림라이온스밸리 B동 B113, 114호		
홈페이지	www.book.co.kr		
전화번호	(02)2026-5777	팩스	(02)2026-5747

ISBN   979-11-5987-805-3 03320(종이책)   979-11-5987-806-0 05320(전자책)

이 도서의 국립중앙도서관 출판예정도서목록(CIP)은 서지정보유통지원시스템 홈페이지(http://seoji.nl.go.
kr)와 국가자료공동목록시스템(http://www.nl.go.kr/kolisnet)에서 이용하실 수 있습니다.
(CIP제어번호 : CIP2018005109)

수입은 **두 배로**, 지출은 **반으로**
기쁨은 **두 배로**, 걱정은 **반으로**

여의도
맞벌이 부부가
잘사는 법

여의도
조이부부
지음

혼자보다 둘이 나은 대한민국 맞벌이 부부의
재테크, 육아 비밀노트

"6년 만에 이루어낸 **부자되기**,
성공육아의 비법을 공유하다!"

북랩 book Lab

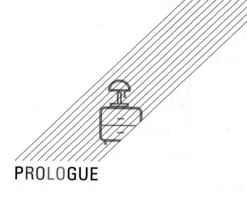

PROLOGUE

노후준비(부자되기)와 자녀교육은 패키지다

우리 부부는 인생의 가장 큰 가치이자 목표로 '행복'을 중요하게 생각한다. 그렇다면 우리가 행복하기 위해서는 무엇이 제일 중요하겠는가. 대부분의 사람이 바로 '가족'을 이야기할 것이다. 우리 부부도 그렇다. 우리가 행복하기 위해서는 가족이 행복해야 한다. 가족의 행복을 저해하는 리스크는 여러 가지가 있을 수 있겠지만, 우리는 '장수 리스크'와 '자녀 리스크'가 가장 핵심이 되는 내용이라고 생각한다.

'장수 리스크'는 말 그대로 평균 수명이 늘어남으로 인한 리스크다. 역설적이지 않은가? 일찍 죽는 것이 리스크가 아니라 오래 사는 것이 리스크라니 말이다. 준비 없는 장수는 재앙과 같다. 회사 등 정년이 있는 일자리의 경우 정년이 많이 늘어났지만, 그래도 60세가 기준이다. 반면, 평균 수명은 100세를 달려가고 있다. 우리가 30세 정도에 취업한다고 가정하면 30년을 일하고 소득이 없는 40년까지 포함하여 총 70년을 먹고살 준비를 해야 한다는 이야기다.

돈을 버는 30년이야 어떻게 살아간다고 하지만, 수입이 없거나, 이전보다 확연히 줄어든 수입으로 살아가야 하는 40년을 준비 없이 맞이한다면 과연 행복할 수 있을까. 돈은 행복의 충분조건은 아니지만 필요조건이다. 돈이 있다고 행복할 수는 없지만, 돈이 없으면 불행할 확률이 매우 높다. 그리고 정년이 60세라고 해서 공무원을 제외하고는 60세까지나 회사에 다닐 수 있는 사람이 과연 얼마나 있겠는가. 행복한 노후를 보내려면 바로 지금부터 준비해야 한다. 이러한 준비를 단순히 월급만 가지고 할 수 있겠는가?

이런 고민에서 우리 부부는 부동산 투자를 했고 지금도 하고 있다(투기가 아니다. 투자다. 둘의 차이는 분명하다). 오랜 기간 고민하고 실행해왔던 일들이 이제 다른 사람들에게 어느 정도 조심스럽게 말할 수 있을 만큼 성장했다고 생각한다.

뉴스에서 유명인의 자녀들이 문제를 일으키는 기사들을 어렵지 않게 접하게 된다. 대부분 사회적 지위도 가지고 있고, 돈도 많은 집안에서 일어나는 일이다. 자녀는 자신이 아무리 대단한 지위와 부를 가지고 있다고 해도 바꿀 수 없다. 이러한 자녀에게 문제가 생긴다면 가족은 행복할 수 없다. 자녀가 사회적으로 문제를 일으키거나, 경제적으로 어려움을 겪게 되는 등의 상황에서 어떻게 행복한 삶을 영위할 수 있겠는가. 이런 '자녀 리스크'를 줄이기 위해서는 가정에서의 교육을 어떠한 방향으로, 또 어떠한 방식으로 하는지가 매우 중요하다.

어린이집은 '보육 기관'이고 '유치원'은 교육기관이다. 똑같이 아이를 맡길 수 있는 공간이지만 이 둘은 엄연히 다르다. 어린이집에서는 아이의 식사를 챙기고 다치지 않도록 보호하는 데 초점이 맞추어져 있다. 반면 유치원은 적극적으로 아이들의 발전을 위해 교육을 하는 곳이다. 여러분의 가정은 현재 '어린이집'인가 '유치원'인가. 자녀 리스크를 줄이기 위해서는 우리 가정은 세상에서 가장 마음 편하고 따뜻한 '유치원'이 되어야 할 것이다.

우리의 인생은 수많은 선택이 모여서 이루어진다. 행복하기 위해 우리 부부가 선택한 것은 '부자되기'와 '자녀 교육'에 집중하는 삶이다. 이 두 가지는 행복하기 위해 어느 하나 포기할 수 없는 패키지 같은 것이다. 이러한 선택과 집중으로 지금까지 이루어온 것들을 이 책을 통해 여러분들과 공유하고 싶다.

우리 부부의 행복을 향한 걸음걸이도 현재 진행형이다. 이 길의 끝에 무엇이 있을지는 우리도 아직은 알 수 없다. 하지만 분명한 것은 이 길을 우리가 직접 선택하였고, 아무것도 하지 않으면 결과 역시 없으며, 행동할수록 행복해질 확률은 더욱 높아진다는 사실이다.

행복하기 위한 일에 너무 빠르거나, 너무 늦은 것은 없다. 우리 부부가 해온 것들이 여러분의 선택에 하나의 참고자료가 되었으면 하는 바람이다.

2018년 2월
여의도 조이부부

CONTENTS

1. 부자되기 편

맞벌이 부부 결혼 6년 만에
17개 부동산을 사다

문재인 정부 시대 부동산 투자 발상의 전환

문재인 정부 시대가 시작된 지 7개월이 되었다(2017년 12월 기준).

그동안 단 7개월 동안 나온 것이라고 믿기 어려울 정도로 많은 부동산 관련 규제책이 시장에 발표되었고, 아직도 발표되고 있다.

내용을 보면 노무현 정부에서 2003년부터 2007년까지 4년간 나왔던 대책을 보다 강화하여 7개월 만에 압축하여 발표하고 있는 형국이다.

표 1 노무현 정부와 문재인 정부의 정책 비교

노무현 정부				문재인 정부
년도	일자	구분	내용	
03년	5·23 대책	대출	투기과열 지구 확대	8·2 대책에서 강화
	5·23 대책	기타	재건축 아파트 안전진단 기준 강화	미실시
	10·29 대책	세금	종합부동산세 도입	기실시 중
	10·29 대책	세금	다주택자 양도세 강화	8·2 대책에서 강화
	10·29 대책	대출	LTV규제 강화	8·2 대책에서 강화
	10·29 대책	기타	재건축 초과이익 환수제	8·2 대책에서 사실상 부활

여의도 맞벌이 부부가 잘사는 법

04년	3월	기타	주택거래 신고제도 도입	8·2 대책에서 부활
05년	3월	분양	분양가 상한제(85㎡이하)	8·2 대책에서 부활
	5·15 대책	기타	버블7 지역 지정	8·2 대책에서 강화
	8·31 대책	세금	양도소득세 강화 (2주택자 양도세 50% 중과)	8·2 대책에서 강화
	8·31 대책	세금	보유세, 취등록세 강화	강화 검토 가능성 있음
	8·31 대책	기타	실거래가 신고 의무화	실시 중
06년	3·30 대책	대출	DTI 도입	8·2 대책에서 강화
	2월	분양	분양가 상한제(85㎡초과)	8·2 대책에서 부활
	11·15 대책	대출	LTV규제 강화	8·2 대책에서 강화
07년	1·11 대책	분양	청약가점제 실시	8·2 대책에서 부활

이런 혼돈의 시간에 투자할 수 있는 곳은 없는 것일까. 아니면 소
위 '풍선효과'라고 말하는 규제가 없거나 상대적으로 적은 지역에
투자하는 사람들과 같은 방향으로 움직여야 하는 것일까.

부동산 시장 규제를 대하는 데 있어서 발상의 전환이 되어야 한
다고 생각한다. 규제하는 지역이기 때문에 투자하면 안 된다는 것
이라 아니라, 규제하는 곳은 그만큼 가치가 있는 곳이라는, 즉 투자
가치가 있는 곳이라는 생각 말이다. 부동산 시장은 결국 가치를 중
심으로 흘러가게 되어 있다. 그것이 비록 규제로 인해 속도가 늦어

지더라도 말이다.

2005년 가장 Hot했던 8·31 대책 발표 당시 내용을 보자.

표 2 2005년 8·31 대책 관련 한덕수 부총리 발표문 중 일부

우리의 부동산 시장은 더 이상 시장 자체의 질서에만 맡겨둘 수 없는 상황에 이르렀습니다. 따라서 정부가 나서, 정상화를 위한 단호한 정책들을 마련하게 되었습니다.
(중략)
이번 정책은 과거 대증요법에 급급했던 단기처방이 아니라, 서민의 주거 안정과 부동산 투기 억제를 위한 매우 장기적이며, 근원적 처방입니다. 이제 정부는 부동산 정책이 시간이 흐르고 나면 바뀌고 말 것이라는 생각은 오늘이 마지막이라는 강력한 메시지를 전달하고자 합니다. 부동산 투기는 이제 끝났습니다.
이러한 강력한 조치를 통해 '부동산 불패'라는 잘못된 믿음을 깨뜨리고, 부동산의 거품을 제거하여 시장을 반드시 정상화시킬 것입니다. 이 과정을 통해 우리 시장에서 '부동산 투기 필패'라는 사회적 믿음이 뿌리내릴 수 있도록 하겠습니다.
(이하 생략)

문재인 정부에서 대책을 내면서 이야기한 부분과 많이 닮지 않은가? 위에서 이야기했듯이 노무현 정부를 계승하는 정부라서 부동산 정책도 그 당시와 매우 비슷하다. 부동산 안정이라는 정부의 의지는 물론 의도는 좋다고 생각한다. 하지만 사람들이 부동산을 원하는 한 결국 부동산은 실수요 자산이자 투자 자산이라는 가치는 사라지지 않을 것으로 생각한다. 철저한 사회주의 국가인 북한에서도 몰래 암시장이 열려 물건이 사고 팔리는데, 민주주의 국가에서 정부 규제로 사람들의 거래 욕구를 없앨 수 있겠는가. 심지어 2017년 5월 11일 자 YTN 기사를 보면 지난 6년간 평양 아파트가격이 67%나 상승했다고 한다. 극도의 사회주의 국가인 북한에서도 수도

여의도 맞벌이 부부가 잘사는 법

평양의 아파트 가격이 올라가는데 민주국가에서 규제만으로 수도 서울의 집값을 과연 얼마나 떨어뜨릴 수 있을까.

다주택자는 전부 '투기세력'으로 규정하고 있는 사회 분위기가 씁쓸하다. '투자'와 '투기'는 다르다. 어떠한 부동산을 매수해서 사용/수익하고 매도하는 것이 투자이고, 매수 후 사용/수익의 과정이 없이 매도하는 것이 투기다. 분양권 거래는 이 사용/수익의 측면이 없이 매수 후 가격이 상승하면 매도하는 전형적인 투기라고 생각한다 (그래서 우리는 분양권 거래는 단 한 번도 한 적이 없다). 이러한 분양권을 통한 투기는 아주 강력하게 규제하는 것이 당연히 맞는다고 생각한다. 그러나 부동산을 매수해 월세나 전세 등 임대를 주고 운영하다가 후에 시장 상황에 맞추어 매도하는 것은 엄연한 투자이지, 투기가 아니다. 이러한 다주택자들은 시장에 임대 주택을 공급해 주는 순기능이 있다. 투자 목적이 아니라 5평짜리 집을 매수해서 실거주할 사람이 얼마나 될까. 분명 5평짜리에서 1년이든 2년이든 살아야 하는 사람은 분명 있을 텐데 말이다.

Ⅰ. '부자되기 편'에서는 우리 부부가 17개 부동산을 소유하면서 생각하고 실행했던 경험담, 시대 상황에 맞춘 패러다임의 변화 그리고 현 정부에서의 발상 전환 투자법에 대해 이야기해 보고자 한다.

투자는 물리 법칙이 적용되는 자연 현상이 아니다. 그래서 정답은 없다. 최선책과 차선책 혹은 차악의 선택이 있을 뿐이다. 평범한 맞벌이 부부인 우리가 선택했던 것들이 여러분에게도 경제를 바라보는 인사이트(insight)가 될 수 있다면 좋겠다.

우리는 사랑했지만, 현실은 쉽지 않았다

✖ 미래에 대한 희망을 예물로 준비하다

우리는 처음 만난 지 딱 10개월 만에 결혼에 골인했다. 10개월 만에 결혼했다면 예상하겠지만, 6개월쯤 만났을 때 결혼을 결정하고 준비했다는 이야기다. 아이가 생긴 것도 아니었고(신혼여행이 진짜 첫날밤이었다), 나이가 많은 것도 아니었는데(심지어 와이프는 20대에 독신주의였다), 지금 생각해 보면 누구와 평생 함께하는데 1년도 채 만나보지 않고 결정했다는 것이 참 용감했던 것 같다. 물론 다행히 우리는 둘 다 운(?)이 좋았다(와이프는 다르게 생각할지 모르지만 ^^;). 내 인생에 가장 잘한 일 중 한 가지라고 자신 있게 말할 수 있다.

이렇게 갑자기 결혼을 하게 되었고, 둘 다 회사를 그렇게 오래 다닌 편은 아니어서 성실하게 살아왔지만 모아 놓은 돈이 많지는 않았다. 여자라면 반지나 귀걸이 등과 같은 결혼 예물과 소위 '꾸밈비'라는 것을 받아 명품 백을 하고 싶지 않은 사람이 어디 있을까. 하지만 우리는 조금 달랐다.

🧑 : "그래도 결혼인데, 나는 안 해도 좋으니 자기는 꼭 다이아 반지 좋은 거로 해 줄게."

👩 : "오빠, 나는 명품 백이며 반지 이런 거에 관심 없어. 차라리 그 돈으로 투자해서 돈이 어느 정도 모이면 그때 살래."

🧑 : "그래. 못해주는 것 같아 속상하긴 하지만, 그 말이 맞는 것 같아. 대신 돈 벌어서 꼭 지금보다 더 좋은 것으로 사자."

그렇게 우리는 연애할 때 내가 선물했던 커플링을 결혼반지로 하고, 예물 하나 없이 가진 돈은 모두 집을 구하는 데 보탰다.

와이프 집에 함이 들어가던 날, 함 상자는 컸지만, 그 속에는 달랑 혼서지 한 장만 들어 있었다. 그래도 우리는 부끄럽기는커녕 너무나 자랑스럽고 희망에 찼다. 다른 것이 아니라 서로 사랑하는 사람과 함께 미래에 대한 희망을 꿈꾼다는 것이 너무 좋았다.

사실 처음부터 우리 둘 다 모든 것을 가진 금수저였다면 이렇게 결혼 생활에 대해 꿈과 희망이 차 있진 못했을 것 같다. 나는 3형제의 막내다. 우리 아버지는 6남매 중 장남으로 내가 어렸을 때는 아버지가 집안의 경제를 책임지고 있어서 정말 어렵게 살았다. 그 조그마한 야쿠르트 한 병을 매일 3형제가 한 모금씩 나누어 먹었던 기억이 있다. 그때는 그게 그렇게 조금 더 먹고 싶었는데, 이제 야쿠르트를 배가 터질 때까지도 먹을 수 있게 되니 오히려 먹지 않는다. 이렇듯 부족함은 사람들에게 욕구를 불러일으킨다. 소유욕. 언뜻 나쁘게 생각할 수도 있지만, 잘만 이용한다면 꿈과 희망을 키우는 원동력이 될 수 있다. 화재로 건물이 타버렸어도 '불'이 나쁜 건 아니지 않은가. 그 불을 잘못 사용한 사람이 문제지.

돈에는 시간가치가 있다. 지금의 1,000만 원과 10년 후에 1,000만 원의 가치는 다르다. 당연한 이야기이긴 하다. 그런데 "지금의 1,000만 원이 10년 후에 1,000만 원과 다른 이유는, 1,000만 원을 지금부터 잘 투자하면 10년 후에는 4,000만 원 이상이 되기 때문(복리로 연간 14% 정도 수익을 냈을 때 기준, 그 당시 부동산 실투자 금액 대비 수익률로는 충분히 가능한 수준이었음)이다."라는 이야기라면 더 와 닿지 않는가? 연 14% 수익을 계속 내는 것이 가능하겠냐고? 월세 수익에 집중한 부동산 포트폴리오를 가지고 있었을 때는 연간 월세 수익률이 비용을 제하고 30% 이상이었다. 충분히 가능한 이야기다.

지금의 적은 돈을 불리면, 당장 소비하는 사람들보다 평생 쓸 수 있는 돈 자체가 다르다.

예를 들어, 지금 1,000만 원을 그냥 써버리면 1,000만 원만 쓸 수 있지만, 10년 뒤 4,000만 원이 된 다음에는 2,000만 원을 써도 2,000만 원이 남는다. 조금 극단적인 예라고 생각할 수도 있지만, 그만큼 신혼 초에 종잣돈을 모아 불리는 것이 중요하다는 이야기다. 10억 원 있는 사람에게 1,000만 원은 큰돈이 아닐 수도 있지만, 2,000만 원 있는 사람에게 1,000만 원은 전 재산의 절반이다!

우리는 신혼집 가구도 남들이 최고급 비싼 가구를 살 때 중저가로 발품 팔아 마음에 드는 디자인으로 골랐다. 그렇게하니 아이를 낳고 몇 차례 이사해도 가구에 손상이 갈까 걱정되지도 않았고, 내가 못 본 사이에 아이들이 가구에 낙서할까, 스티커를 붙이고 있지 않을까 조마조마해 할 필요도 없었다.

오히려 아이들이 만들어서 자랑하는 작품들을 화장대며 책상이며 식탁 잘 보이는 곳에 마음껏 붙였다. 스티커도 덕지덕지 곳곳에 붙였다. 이렇게 어릴 때 맘껏 찢고 붙이고 한 아이들이 어느 정도 크자 스케치북이나 칠판 등 붙일 수 있는 곳에만 붙인다. 아주 어릴 때는 말로 여러 번 설명해 주어도 또 붙여 놓기 마련이니까.

아이들이 커서 말귀를 제대로 알아듣고, 더 이상 찢고 붙이기에 미련이 없을 때쯤이면 보통 아이들이 유치원, 학교 갈 때쯤이다. 보통 그 시기에 이사를 많이 하므로 신혼 때 혼수를 줄이고, 투자한 돈으로 일정 부분 소비하여 좋은 가구를 그때 사면 된다.

부디 현재 시점의 한정된 돈을 가치 있게 쓰기를 바란다.

지금의 돈 1,000만 원.

큰돈이지만, 결혼한다고 이것저것 사게 되면 순식간에 사라지는 돈이기도 하다. 일부는 가구사고 일부는 투자하면, 더 큰돈이 되어 나중에 애들이 크고 나서 최고급 가구로 바꿀 수 있다.

당신은 어느 것을 선택할 것인가?

표 3 연간 15% 수익이 가능할 때, 1,000만 원을 200만 원/년 사용 시와 130만 원/년 사용 시 비교

구분	200만 원씩 사용한 경우			130만 원씩 사용한 경우		
	연초 자산	사용	연말 자산	연초 자산	사용	연말 자산
	(단위 : 만 원)			(단위 : 만 원)		
1년	1,000	200	800	1,000	130	870
2년	920	200	720	1,001	130	871
3년	828	200	628	1,001	130	871
4년	722	200	522	1,002	130	872
5년	601	200	401	1,002	130	872
6년	461	200	261	1,003	130	873
7년	300	200	100	1,004	130	874
8년	115	115	-	1,006	130	876
9년	-	-	-	1,007	130	877
10년	-	-	-	1,008	130	878
11년	-	-	-	1,010	130	880
12년	-	-	-	1,012	130	882
합계	-	1,515	-	1,015	1,560	
	8년간 1,515만 원 사용 후 잔액 없음			12년간 1,560만 원 사용하고 잔액 1,000만 원		

✖ 전세 구할 돈도 없었지만, 영혼까지 끌어모아 매수한 신혼집

2011년 결혼 당시 우리는 한국의 여느 신혼부부처럼 살 집에 대한 고민이 많았다. 처녀, 총각 때부터 열심히 모았던 우리는 그래도 남들보다는 많이 모았다고 생각했으나, 실상은 20평 아파트 전세도 구할 돈이 안 되었다. 그래도 정말 와이프와 처가에 감사하게 생각하는 것 중 하나는 '남자는 집, 여자는 혼수'라는 고정관념 없이 모

여의도 맞벌이 부부가 잘사는 법

든 걸 함께 마련해 나갔다는 사실이다.

요즘 금수저를 제외하고는 서울에 남자 혼자 대출을 받고서라도 전셋집 하나 얻는 게 매우 어렵다는 것을 생각하면, 나는 정말 행운아라고 생각한다.

그 당시 강북에 20평 전셋집은 1억 8,000만 원 정도 하였다(지금은 같은 집 전세가 4억 원이 넘는다). 전세금도 대출을 받아야 하는 상황이었으니 월세도 알아보고, 출퇴근은 힘들어도 수도권으로 범위를 넓혀보기도 하였다. 처음부터 매수는 불가능하다고 생각하고, 검토조차 하지 못했다. 틈만 나면 서울 전체 집 시세를 네이버 부동산 등으로 하루에도 몇 시간씩 들여다볼 정도여서 서울 전 지역 및 출퇴근 가능한 경기도권의 시세는 거의 외우다시피 했었다.

서울에서 집을 구하는 것은 정말 어려웠다. 그러다가 진천에서 근무했을 때를 생각했다. 그곳은 산업단지다 보니 혼자 사는 수요가 많았다. 그런데 공급은 부족하여 집을 구하는 것이 정말 어려웠다. 그래서 집을 구하지 못해, 정말 투자 목적이 아닌 실거주 목적으로 경매를 통해 10평짜리 원룸 아파트를 회사에서 직원 복지 차원에서 대출해 주는 돈을 이용하여 2,000만 원에 샀었다. 이 집을 나중에 결혼을 준비하면서 자금을 마련하기 위해 매도할 때는 3,000만 원에 팔 수 있었다. 부동산 불황기였던 2008~2011년 사이에 벌어진 일이다. 이를 통해 '아, 수요가 있는 곳은 가격이 서울이든 지방이든 오르는구나.'라는 생각을 하게 되었다.

당시 서울은 집값이 약세를 면치 못하던 때였다. 하지만 여기까지 생각이 미치자, '그렇다면, 조금 무리를 하더라도 서울에 집을 사는 게 장기적으로 나은 것이 아닐까?'하는 물음으로 와이프와 상의 끝에 가능하다면 집을 매수하는 것으로 방향을 잡았다.

와이프도 나도 정말 가진 돈을 영혼까지 끌어모았다.

나는 중·고등학교 시절 줄곧 사진부를 했을 정도로 사진 찍는 걸 좋아한다. 그 당시 열심히 아르바이트해서 정말 어렵게 마련한 카메라가 있었는데, 이마저도 중고로 팔았다(내 소중한 카메라야. 안녕…. ㅠㅠ Leica로 환생해라. ㅠㅠ).

앞에서 이야기했듯이 예물은 서로 하지 않기로 하고, 그 돈 역시 집 구하는 데 보탰다. 집을 사기로 한 후부터 우리는 정말 열심히 집을 알아보았다. 네이버 부동산은 물론, 주말이면 직접 다니면서 최대한 급매를 찾아다녔다.

결국, 언덕 위에 있어 지하철에서 걸어 올라가기는 힘들지만, 대신 서울치고 공기와 전망이 좋은 용산구에 위치한 20평 아파트 급매물을 대출을 끼고 3.5억에 매수할 수 있었다. 복도식에다가 주차가 조금 불편하고 대출을 받긴 했지만, 그래도 우리의 보금자리가 생기니 드디어 결혼이 실감이 났다.

가구도 사고(물론 가성비 좋은 것으로), 가전도 사고, 우리 둘이 살 '우리 집'을 꾸민다는 생각에 정말 행복했다. 우리 집은 거실이 핵심이었다. 거실에 TV와 소파를 두지 않고, 테이블을 두어 한쪽 벽면에 커다란 화이트보드를 달았다. 지금이야 거실에 TV를 두지 않는 집이 많아졌지만(그래도 여전히 TV가 있는 집이 압도적으로 많으나), 2011년만 해도

여의도 맞벌이 부부가 잘사는 법

그렇게 많은 사람이 시도하지는 않던 가구 배치였다.

맞벌이 부부들, 특히 우리처럼 쉬는 날이 반드시 겹치지 않는 부부들이나 주말 부부들 같은 경우에는 함께 깨어있는 시간이 길지 않다. 나는 평범한 회사원으로 주말에 쉬고, 와이프는 유통 업계에 있어서 보통 주말에 하루, 주중에 하루 쉬었다. 그 때문에 1주일에 온전히 함께 있는 날은 하루밖에 안 되었고, 이마저도 와이프가 주말 모두 출근할 때에는 한 달에 함께 있는 기회가 몇 번 되지 않았다. 이렇게 함께 보내는 소중한 시간을, 우리는 TV만 보면서 보내고 싶지는 않았다.

같이 산다고 서로를 이해하고 서로에 대해 아는 것이 아니다. 서로 대화를 해야만 알 수 있는 것들도 많다. 단순히 몇 마디를 나누는 것이 아니라, 마주 앉아서 얼굴을 바라보며 하는 대화 말이다. 연애할 때는 카페에서 이야기도 많이 했으면서 결혼하고는 같이 TV만 보는 것은 서로의 이해도를 떨어트리는 일이라고 생각한다.

쉬는 날이면 우리는 거실 테이블에 앉아서 책을 읽고, 함께 차를 마시며 회사 일, 책 내용 혹은 서로에게 고맙거나 서운한 일 등 많은 이야기를 나누었다. 그러한 이야기들이 쌓여서 현재의 우리 부부가 되었다. 거실에 TV를 두지 않는 것은 신혼부부들에게 강력하게 추천하는 방법이다.

✖ 부자되기 공부 시작

우리는 결혼하면서 학자금 대출 이외에는 처음으로 대출을 받아

보았다(회사에서 받은 대출은 제외). 대출이라는 말은 듣기만 해도 소름이 돋아, 빨리 갚아버리고 싶을 때였다. 우리는 대출 없는 온전한 우리 집이 갖고 싶었다. 월급만으로 얼마나 걸릴까…. 아기가 생기기 전이니 육아 비용을 계산에 포함하지 않았는데도 7~8년은 걸린다는 계산이 나왔다. 그런데 아기까지 생기면?

우리는 그렇게 부자되기 공부를 시작했다.

와이프는 정말로 책을 좋아했다. 결혼 후에도 1주일에 1권 이상 씩은 읽었다. 지금과 차이가 있다면 그때는 그 책들이 전부 자기계발서였다는 것이다. 나도 책을 읽기는 했지만 와이프만큼은 아니었다. 그때나 지금이나 내가 스스로 읽는 책들은 대부분 재테크 서적이었다(아이를 낳고는 육아관련 서적을 읽긴 했다).

거실에 놓인 테이블과 화이트보드, 책 읽기 좋아하는 와이프와 그런 와이프를 좋아하는 남편이 만나, 우리 집은 평일 저녁이나 주말이면 둘이 서로 책을 읽거나 책 내용에 대한 의견을 이야기하며 시간을 보냈다.

물론 신혼 초에 많이 놀러 다니기도 했지만, 아침잠이 없는 부부라 주말이라도 늦어도 6시면 일어나서 준비하고 나갔다 왔다. 양평 두물머리도 가고, 닥터박 갤러리도 가고, 동물원도 가고, 유채꽃 필 때는 반포 서래섬도 갔다. 남이섬에 갔을 때는 배를 타고 남이섬 안에 도착했더니 아침 8시였다. 그 시간에는 우리 말고는 전부 단체 관광 온 중국 사람들만 있었다. 부지런한 덕분에 유명한 관광지에서 이런 이국적인(?) 체험도 했다. 반면, 인천 차이나타운에 갔을 때

여의도 맞벌이 부부가 잘사는 법

는 서두르지도 않았는데 도착하니 아침 7시 30분이어서, 공원 같은 곳만 가고는 가게들이 아직 오픈하지 않아서 화덕 만두를 먹기 위해 꽤 오래 기다렸던 기억이 난다. 결국, 만두를 먹고는 배가 불러서 짜장면은 못 먹고 돌아오기도 했다. 이러한 기억들이 우리 부부한테는 정말 소중한 추억들이고, 이러한 추억들이 쌓여서 즐거운 기억과 함께 주말을 보냈다. 많이 돌아다니긴 했지만, 사람들이 붐비기 전에 갔다가 사람들이 몰릴 때쯤 집으로 향했으니 차가 막혀 길에서 버리는 시간을 많이 줄일 수 있었다. 보통 어디 한 곳을 다녀와도 집에 오면 12시 정도였다. 그럴 때는 둘이 점심을 나가서 먹고 오든 집에서 만들어 먹든 하고 즐거운 기억과 함께 또 책을 읽었다.

[사진 1] 예거 르쿨트르(시계 제조사) Master class에
참가하여 여가를 보내는 부부

다른 것은 하지 않고 책만 보라는 것은 아니다. 현재를 모두 포기

하면서 돈만 모으는 것은 너무나도 빨리 지쳐 버린다. 이 책의 뒤에서도 이야기하겠지만, 서로에게 보상을 주고 지속 가능한 재테크를 해야 한다. 경제학에서도 '지속가능한 경영'이 중요하다고 이야기하듯이, 우리 가정 경제도 부부가 지치지 않아야 지속가능한 재테크가 가능하다. 사실 경제적으로 보다 풍요롭게 하는 시스템을 만들지 못하면 결국 아이들이나 가족을 위해 힘들고 어렵게 돈만을 바라보고 살아야 할 수도 있다. 가족을 위한 삶이 나쁘다는 것은 아니다. 힘들어도 가족을 위해 힘든 내색하지 않고 씩씩하게 살아오신 우리 부모님들이 이렇게 살아오신 것에 대해서 자손 된 입장에서 매우 감사하고 숭고하다고 생각한다. 그렇지만, 숭고하다고 해서 그 당사자가 힘들지 않은 것은 아니다. 내가 그리고 우리 와이프가 그 당사자가 된 시점에서, 우리는 보다 여유롭고 나 이외의 가족을 위해서만이 아닌 나를 포함한 가족 전체가 행복한 삶을 살기 위해 보다 부자가 되는 공부를 해야 한다고 생각했다.

신혼 부부에게는 앞서 말한 것처럼 아침 일찍 놀러 다니는 것을 추천하고 싶다. 6시에 일어나서 놀러갔다 와서 졸리면 낮잠을 자면 된다. 아이가 생기면 사실 준비할 것이 많고 아이의 생체리듬을 맞추어야 하기 때문에 사실상 저렇게 아침 일찍 놀러 다니는 것이 힘들다. 아이가 없는 신혼 때 효율적으로 즐거운 추억을 저장해 놓자!

이렇게 즐거운 책읽기와 토론을 하는 와중에 로버트 기요사키가 쓴 『부자아빠, 가난한 아빠』라는 책을 접하게 되었다. 여러 재테크 책 중에서도 초기에 우리에게 가장 많은 영향을 준 책이다. 그 책은 신간도 아니었고 이미 나온 지 몇 년 된 책이었다. 그 책의 내용은 대략 요약하면 다음과 같다.

> **첫째_** 부자가 되려면 부자에 대한, 돈에 대한 부정적인 인식부터 바꾸어야 한다.
> **둘째_** 부자가 되기 위해서는 내가 지금 무엇을 하고 있는지 명확히 알고 있어야 한다.
> **셋째_** 부자가 되기 위해서는 시스템을 가져야 한다.

부자는 나쁘고, 부정적인 방법을 부를 축적했을 것으로 생각하는 사람들이 있다. 특히 요즘은 사회적으로 그런 분위기를 조장하고 있는 것이라 생각이 들 정도다. 나는 돈이 중요하지 않다고 이야기하면서 월급이 오르길 바라고, 매출이 늘어나길 바라는 것은 모순된다고 생각한다. 실상 돈에 대해 부정적인 방법을 취하는 것은 돈이 많고 적음에 따라 달라지지 않는다. 그 스케일이 달라질 뿐이다. 우리는 마이크로 소프트 오피스든 지금 쓰고 있는 한글 프로그램이든 MP3 파일이든 영화든 모두 정당하게 돈을 지불하고 이용한다. 그렇지 않은 사람들이 꽤 있다는 것은 여러분도 잘 알고 있을 것으로 생각한다.

돈은 중요하다. 돈이 많은 것은 나쁜 것이 아니다. 다만, 부정한 방법으로 돈을 버는 것이 나쁠 뿐이다. 이 부분은 인정해야 돈도 우리를 좋아한다. 자기를 싫다고 말하는데 어느 돈이 자기를 싫어하는 사람에게 가고 싶겠는가?

'부자가 되기 위해서는 내가 지금 무엇을 하고 있는지 명확히 알고 있어야 한다.' 부분은 부동산 등을 남들이 좋다고 해서 산다거나, 대출은 무조건 나쁘다는 인식을 경계해야 한다는 말이다. 다른 사람이 좋은 물건이라고 한다고 해서, 심지어 그 사람이 내가 잘 아는 사람이라고 해서 해당 부동산에 대해 잘 알지도 못하면서 사지는 말아야 한다. 좋고 나쁜 것은 자기가 판단할 수 있는 안목이 필요하다. 이보다 더 중요한 부분은 대출이다. 회계에서는 부채도 자산으로 분류한다. 그만큼 잘 활용하면 도움이 된다는 이야기다. 자동차를 구입하기 위해서 받는 2,000만 원 대출과 월세를 받을 아파트를 매입하기 위해 받는 5,000만 원의 대출이 있다고 하자. 비록 회계에서는 둘 다 자산으로 분류하지만, 실제는 어떠한가. 자동차는 그 자체가 현금 흐름을 나쁘게 하는 자산인데 거기에 대출까지 받는다면 더 말할 필요가 없다. 반면 자동차보다는 비싸지만, 월세를 받는 아파트는 대출 이자를 주고도 월세가 일부 남을 것이다. 이 경우 부채야말로 진정한 자산이라고 할 수 있다. 이렇듯, 같은 금액의 부채를 지더라도 내가 무엇을 하고 있는지 정확히 알고 선택해야 한다. 즉, 해당 대출을 받아 취득한 자산이 우리 가계경제의 현금 흐름에 어떠한 영향이 있을지 명확히 알아야 한다는 이야기다.

'부자가 되기 위해서는 시스템을 가져야 한다.' 능력이 정말 뛰어나 최고 품질의 요리를 하루에 100접시 만들어 팔 수 있는 사람이 있다고 하자. 한 접시에 2,000원의 이익이 생긴다고 하면 이 사람이 한 달을 쉬지 않고 일할 경우 600만 원을 벌 수 있다. 반면, 다른 사람은 하루에 70접시의 맛있는 요리를 만들 수 있는 요리사 10명을 한 달에 300만 원씩 주고 고용한다고 어떻게 될까(이윤은 접시당 2,000원으로 같다)? 요리사를 고용한 사장은 한 달에 요리를 팔아서 얻은 이윤 4,200만 원 중 요리사들에게 인건비 3,000만 원을 주고도 1,200만 원이 남는다. 하루도 쉬지 못하고 일만 한 일류 요리사보다, 시스템을 갖춘 사장이 두 배의 돈을 버는 것이다.

사람들은 흔히 자신이 일하는 시간과 돈을 버는 금액이 '비례'할 것이라고 착각한다. 시급을 받는 사람에게는 맞는 말이다. 다만, 웬만해서는 '시급'을 받는 일로 부자가 되기 쉽지 않다는 사실을 우리는 잘 알고 있다. 부자가 되는 돈 벌기는 결국 '시스템'을 누가 얼마나 효율적으로 많이 가졌는지의 문제다.

다만, 중요한 게 있다. 단순히 시간을 투자해서 부자가 될 수는 없지만, 부자는 돈을 투자해서 시간을 살 수 있다. 물리적 시간이 아닌, 자유로울 수 있는 시간을!

✖ 생각과 실행의 차이

신혼부부 중 재테크 서적을 한 번 이상 읽어본 사람을 찾기란 그리 어렵지 않을 것이다. 그런데 그 내용에 따라 한 번이라도 직접 실행해 본 사람을 찾는 것은 생각보다 어렵다. 나는 평소에도 지인들에게 투자하기 좋은 곳은 정말 어렵게 찾은 곳이라도 쉽게 이야기해 준다. 또 만나는 사람마다 투자 이야기는 꼭 빼놓지 않고 이야기를 하는 편이다. 지인들에게 투자의 기쁨을 알게 해 주고 싶은 마음으로 하는 말이지만, 실제로 투자를 하는 사람은 거의 없다. 내가 이야기해 준 곳에 실제 투자를 했던 지인은 지금까지 딱 두 명뿐이었고 모두 투자 결실의 기쁨을 맛보았다. 이 두 명이 내가 투자 이야기를 해준 사람 중 몇 %나 될까? 어림잡아서 1%도 채 되지 않는다.

대부분의 사람이 부동산을 갖고 싶어 한다. 부동산 폭락을 이야기하는 사람들도 폭락한 후에 갖고 싶다는 것이지, 갖고 싶지 않다는 것은 아니다. 생각만 하는 사람은 투자해서는 안 되는 이유를 먼저 찾는다. 이래서 실행하기 어렵다는 이유 말이다. 하지만 실행하고자 하는 사람은 어떻게 하면 될지 생각하고 또 생각해서 대부분 결국 방법을 만들어 낸다.

독자 여러분의 생각보다 부동산에 투자할 수 있는 방법은 많다. 특히, 지금 본인이 '맞벌이 부부'라면 더 말할 필요도 없다(심지어 비용 절감에서도 매우 유리하다)!

사실 실행의 중요성은 동서고금을 막론하고 여러 책과 문헌, 또 강연 등에서 지겹도록 강조하는 이야기다. 굳이 이 책에서 지면을 할애하면서 이 이야기를 하는 것은 부동산이야말로 생각보다 실행이 중요하다고 생각하기 때문이다.

앞에서 언급했듯이, 부동산은 감당이 가능한 정도의 리스크를 감수할 수 있다고 했을 때 생각보다 투자할 방법이 많다. 대표적인 투자 자산 중 하나인 주식과도 다르다. 주식은 특별한 경우를 제외하고는 개미 투자자가 돈을 벌기 매우 어렵다. 투자할 방법도 많지 않다. 잘못하면 휴짓조각으로 변할 수도 있다. 그런데 부동산은 반대로 특별한 경우를 제외하고 '개미'도 돈을 벌 수 있다. 바로 우리와 같은 개미 말이다.

이 책을 읽는 독자 여러분이 꼭 생각에만 머무르지 말고 실행해 보시기 바란다. 작은 것부터라도 움직이는 실행이 여러분의 미래를 완전히 바꾸어 줄 것으로 믿는다. 바로 우리 부부처럼 말이다.

맞벌이 부부,
부자되기를 '생각'하다

✖ 대가의 지식을 전수받을 최고의 방법은 독서
　　　- '인맥' 대신 '책맥'을 만들어라

　우리 부부는 부동산 투자 관련하여 특별히 내세울 만한 인맥이 없다. 그럼에도 독서와 강연만으로 대가들의 지식을 얻고 성공적인 부동산 투자를 해 왔다.

　신혼 초에 한참 주식 투자를 공부하고 실제로 투자해보던 시기가 있었다. 그때 마침 직장인으로 주식 투자에 성공한 학교 선배가 있다는 지인의 이야기를 듣고 부탁을 해 만날 수 있었다. 직장인으로 시작하여 주식 투자만으로 현재 자산 100억대를 이룬 분이었다. 그분의 투자 철학에 관한 이야기를 들을 수 있는 정말 소중하고 값진 시간이었다. 비록 돈은 그분이 훨씬 많았지만, 너무 고마워서 식사는 우리가 대접했는데, 그 돈의 백 배, 천 배를 얻어가는 기분이었다.

　이러한 만남은 정말 현장감 있고, 동기 부여를 해준다는 측면에서 좋은 부분이 많지만, 이런 인맥이 없다고 해도 실망할 것은 없다. 주식 고수인 그분이 말하는 부분도 '가치투자'에 대한 것이었고,

이 역시 사실『강방천과 함께 하는 가치투자』와 같은 책으로 접할 수 있는 부분이다. 책은 지은이의 생각의 정수를 담고 있다. 한번이라도 책이나 글쓰기에 도전해 본 사람이라면 글 하나가 완성되기까지 얼마나 많은 생각을 하는지 알 것이다. 이러한 장시간의 고뇌와 더욱 긴 시간의 경험을, 우리는 너무나도 편하고 쉽게 책을 통해 접할 수 있는 것이다.

인류의 과거는 크게 선사시대와 역사시대로 나눌 수 있다. 이 둘을 나누는 기준은 바로 문자로 기록된 과거가 있는지의 여부다. 문자로 과거를 기록할 때, 우리는 비로소 '역사'를 갖게 되었다. 어떤 식물은 먹을 수 있고, 어떤 식물은 독을 가지고 있고, 어떤 동물은 주로 어떤 때 어떤 길로 다니고…, 이런 기록을 본 사람과 보지 못한 사람들 간의 차이는 엄청 났을 것이다. 사람들은 그 기록을 통해 시간과 가장 중요한 생명을 아낄 수 있었을 것이다.

우리도 마찬가지다. 특히 과거를 통해 미래를 예측할 수 있는 부동산의 경우도 그렇다. 예전의 사실들과 그 사실에 대해 사람들이 받아들였던 내용, 그리고 그 결과에 대한 것들을 미리 접해 볼 수 있다면, 앞으로도 부동산에 대해 예측할 수 있는 부분이 있다고 생각한다.

인맥은 우리가 마음대로 쌓을 수 있는 것이 아니지만, 책을 통해 쌓는 '책맥'은 우리 의지만 있다면 얼마든지 쌓을 수 있다. 책의 지식과 경험들이 우리에게 들어와서 우리의 자세와 방향성 그리고 선택에 영향을 주고, 우리를 그들처럼 만들어 주는 힘이 있다고 생각한다.

독서의 중요성은 아무리 강조해도 지나치지 않다고 생각한다. 우리도 지금까지 투자해온 생각과 방법을 대부분 책에서 얻었기 때문이다.

다만, 차이점이 있다면, 단 한 권의 책만으로는 설명이 어렵다고 할까? 우리는 다양한 책을 우리만의 방식으로 해석하고 조합하여 결국 현재 우리의 생각과 행동을 만들었다. 그래서 정독만큼이나 다독도 중요하다. 사람마다 중요하게 여기는 가치가 다르고 그에 따라 투자 방식이 결정되기 때문에, 우리만의 투자 방식은 다양한 독서에서 나왔다.

✖ 맞벌이 부부의 투자 장단점

맞벌이하다 보면 다양한 상황에 직면하게 된다. 아이가 아파서 유치원에 갈 수 없는데 둘 다 휴가를 쓰지 못하기도 하고, 유치원, 학교 행사들은 꼭 평일에 있으니 그때마다 회사를 빠지는 것이 눈치 보이기도 한다. 또, 정말 듣고 싶었던 재테크 강연들도 평일 저녁이라서 참석을 못한다든지, 정말 마음에 드는 집을 주말에 보러 가려고 했는데 그전에 미리 계약이 되어 버리는 일도 생길 수 있다.

그럼 맞벌이 부부에게 투자는 어려운 부분만 있는 것일까? 아니다. 나는 와이프와 맞벌이를 하지 않았다면, 여기까지 부자되기를 해오지 못했거나, 훨씬 더 많은 시간이 걸렸을 것이라 단언할 수 있다. 돈이 부족한 평범한 우리가 재테크로 성공하기 위해서는 맞벌이만 한 것이 없다.

맞벌이 부부가 투자하는 데 있어서 가장 큰 단점이라는 것은 둘 다 모두 시간이 부족하다는 것이다. 외벌이 부부는 상대적으로 일을 하지 않는 배우자가 시간을 낼 수 있는 부분이 많다. 특히 평일에 시간을 낼 수 있다는 것은 엄청난 메리트다.

부족하다고 느끼는 시간 중에는 물리적이고 절대적인 시간도 있겠지만, 사실 심리적인 시간 부족이 더 문제라고 생각한다. 회사에 다녀와 몸은 피곤하지, 아이들도 봐야 하지, 이거 해야지, 저거 해야지…, 이런 마음의 부담이 '여유'라는 사고를 가로막는다. 특히, 아이가 생긴 맞벌이 부부는 보육에 많은 돈이 들어가게 되면 월급과 육아 모두 실패하는 것 아닌가 하는 불안감을 느낄 수도 있다.그렇다면 맞벌이 부부의 장점은 어떤 것들이 있을까? 사실 물리적으로나 심적으로 시간이 부족하다는 것 빼고는 외벌이 부부에 비해 단점을 찾기 어렵다.

첫째_ 안정적인 수입원이 있다.
둘째_ 투자정보를 접하기 쉽다.
셋째_ 미래에 대한 불안감이 적어서 공격적인 투자가 가능하다.
넷째_ 건강보험료 등에서 유리하다.
다섯째_ 세금 측면에서 유리하다.

첫째, 안정적인 수입원이 있다. 외벌이 부부에 비해 월급이 한 달에 200만 원만 더 들어온다고 가정해 보자. 이는 월세 200만 원에 수익률 4%인 6억 원 가치의 부동산을 가지고 있는 것과 같은 현금 흐름이다. 물론 투자를 하는 사람 대부분이 '젊어서 은퇴'하는 것을 꿈꾸겠지만, 투자 초기에 현금 흐름은 매우 중요하며, 맞벌이는 투자의 자리를 확실히 잡을 수 있는 좋은 현금 흐름 창출법이다. 아이가 생기면 급여 수준이나 보육 환경에 따라 어려워지는 부분이 있긴 하지만, 그 부분도 극복할 수 있다. 그게 이 책에서 재테크와 육아를 맞벌이 부부의 관점에서 다루고 있는 이유다!

둘째, 투자 정보를 접하는 데 유리하다. 물론 해당 지역에 대한 정보를 주부들이 먼저 접하는 경우도 있을 수 있지만, 전체적인 투자 정보, 경제 상황에 대한 이야기나 이해는 회사에서 동료들과 이야기하는 와중에 나오는 것도 많다. 또, 회사 일이라는 것이 단순업무를 제외하고는 전체적인 경제 상황에서 무관할 수 없기 때문에 자연스럽게 관심을 기울이게 되는 경우가 많다.

셋째, 미래에 대한 불안감이 적다. 외벌이는 자칫 다니던 회사가 어려워지거나 사정이 생겨 더 이상 일을 하기 어려워지면 단순히 가계 경제가 어려워지는 수준에서 끝나지 않을 때가 많다. 맞벌이는 부득이한 사정으로 부부 중 한 사람이 더 이상 직장을 다니기 어려워지는 경우라도 남은 한 사람의 급여가 있기 때문에 다시 일어서는 것이 훨씬 수월하다. 그로 인해 더욱 공격적인 투자가 가능하다. 공격적이라는 것은 보다 리스크를 감수하고 투자한다는 것이며, 리스크가 높은 투자가 수익률 역시 높다.

넷째, 건강보험료 등에서 유리한 부분이 많다. 물론 배우자가 별다른 수입이 없는 가족구성원이라면 직장을 다니는 배우자의 건강보험에 속해 있으면 되겠지만, 부동산 투자를 하다 보면 절세 차원에서 부부의 명의를 다 같이 써야 할 때가 있다. 이때 월세가 나오는 부동산을 직장에 다니지 않는 배우자의 이름으로 산다던지 하면, 월세에 대한 세금보다 무서운 것이 바로 건강보험료다. 그런데 직장에 다니고 있다면, 주택임대사업자라 할지라도 '직장가입자'로 구분되어 별도의 추가 건강보험료 징수는 없다. 물론, 월급 외 소득이 연간 7,200만 원을 넘게 된다면 건강보험료 할증이 있지만, 소득금액이 7,200만 원을 넘는 것은 웬만하면 벌어지지 않는 일이다. 임대료 등으로 들어오는 모든 돈을 합한 것이 '수입금액'인데 비해, '소득금액'은 수입금액에서 필요경비(이자, 보수비 등)를 제외한 금액이다. 필요경비가 수입금액의 50% 정도라고 할 때, 건강보험료가 할증되지 않는 연간 임대료 수입액은 1.5억 원에 달한다. 여기에 맞벌이인 경우 2명이니 3억 원이 된다. 즉, 맞벌이 부부는 월세(간주임대료 포함)가 연간 3억 원이 되기 전까지는 건강보험료 걱정은 할 필요가 없다는 이야기다(물론 이 한도가 현행 7,200백만 원에서 3,600백만 원으로 축소될 계획이 있는 만큼, 주시할 필요는 있다). 금수저가 아닌 이상 연간 월세 3억 원은 아직 신혼부부들이 걱정할 금액은 아니라고 본다.

다섯째, 세금 측면에서 유리하다. 우리나라의 세금은 부가가치세 같은 것들을 제외하고는 대부분 누진세율을 도입하고 있다. 누진세율은 과세표준 전액을 구간별 최고세율을 적용하는 '단순누진세율'과, 과세표준 구간별로 초과부분만 체차로 적용하는 '초과누진세율'로 나눌 수 있다. 단순누진세율을 적용하는 대표적인 세금으로는 취득세가 있으며, 소득에 부과하는 세금은 초과누진세율 적용하고 있다. 양도소득세든, 임대소득세든 말이다. 부동산을 공동명의로 할 경우, 취득세는 세금을 계산한 후에 명의자별로 나누게 되어 장점이 없지만, 양도소득세나 임대소득세는 사람별로 과세가 되기 때문에 둘이 나누면 그만큼 세율이 낮아지는 효과가 있다.

예를 들어 양도소득세 과세표준으로 2,400만 원이 정해졌다고 하자. 현재 양도소득세에 대한 초과누진세율은 1,200만 원까지는 6%, 1,200만 원에서 4,600만 원까지는 15%의 세율을 적용하고 있다. 단독명의의 경우 1,200만 원까지의 6%인 72만 원과 1,200만 원에서 2,400만 원까지 15%인 180만 원을 더해 총 252만 원의 세금을 납부해야 하는 데 비해, 부부공동명의인 경우 1,200만 원씩 양도 소득이 발생한 것으로 보아 72만 원씩 총 144만 원에 양도소득세만 납부하면 된다. 이는 소득 금액이 커질수록 더욱 큰 효과를 발휘한다.

더구나 임대료의 경우 2018년까지 연간 2,000만 원 이하는 비과세다. 공동명의를 활용하면 부부 개인당 2,000만 원씩 총 4,000만 원의 비과세 혜택을 받을 수 있다는 이야기다.

종합부동산세에서도 유리한 부분이 있다. 종합부동산세는 주택의 경우 '사람별로' 공시지가 합계가 6억 원이 넘으면 납부하는 것으로, 부부가 명의를 잘 나누어 놓으면 공시지가 기준 12억 원까지는 종합부동산세를 내지 않을 수 있으며, 자산이 많아 내게 된다고 하여도 종합부동산세도 초과누진세율이 적용되는 만큼 앞의 양도소

여의도 맞벌이 부부가 잘사는 법

득세와 같이 세율을 더 낮게 적용받을 수도 있다.

이 외에도, 세금과 관련해서 부부공동명의가 유리한 부분은 많다. 특히, 공동명의의 리스크인 건강보험료 폭탄을 맞벌이로 예방할 수 있다는 부분은 큰 장점이 아닐 수 없다.

마지막으로 가장 중요한 장점이 하나 남았다. 무엇일까.

표 4 2018년 현재 종합 소득세율(초과누진세율)

종합 소득세율	세율	누진공제액 (단위 : 원)	비고
1,200만 원 이하	6%	-	-
1,200만 원 초과~4,600만 원 이하	15%	1,080,000	-
4,600만 원 초과~8,800만 원 이하	24%	5,220,000	-
8,800만 원 초과~ 1억 5,000만 원 이하	35%	14,900,000	-
1억 5,000만 원 초과~3억 원 이하	38%	19,400,000	-
3억 원 초과~5억 원 이하	40%	25,400,000	2018년 신설 구간
5억 원 초과	42%	35,400,000	2018년 2% 증세

✖ 회사가 주는 것은 월급만이 아니다

맞벌이 부부의 최대 장점은 앞에서 언급했듯이 양쪽에서 들어오는 안정적인 월급이다. 하지만 월급만큼이나 중요한 것이 하나 더 있다. 바로 '신용'이다. 회사는 우리에게 월급뿐만 아니라 신용도 준다.

은행에서 대출을 받을 때 가장 선호하는, 즉 가장 대출을 해 주고 싶어 하는 사람은 '안정적인 수입'이 있는 사람이다. 이러한 점 때문에 직장인은 자영업자보다 대출에 매우 유리하다. 만약 대기업에 다닌다면 특히 더 우대받을 수도 있다. 비록 사기업보다 월급이 적을지라도 공무원 등의 안전성 높은 직업은 낮은 금리의 더 많은 한도의 대출도 가능할 수 있다.

월급이 직접적인 금전을 우리에게 주는 것이라면, 직장을 다님으로써 얻는 신용은 직접적인 금전은 아닐지라도 활용하기에 따라 우리에게 그 이상의 금전적 이익을 가져다줄 수 있는 매우 유용하고 중요한 자산이다.

맞벌이 부부는 이 신용을 외벌이 부부보다 두 배로 더 활용할 수 있다. 두 배로, 아니 그보다 더 빨리 자산을 증식시킬 수 있는 기반이 된다는 것이다!

1억 원이 있다고 가정하자. 만약 매매가 1억 원에 연간 500만 원의 현금 흐름을 얻을 수 있는 수익형 부동산이 있다면, 대출을 받을 수 있는 사람과 받지 못하는 사람은 어떠한 차이가 있을까(보증금이나 세금 등은 계산 편의상 고려하지 않았다)? 대출을 받지 못하는 사람이라면 보유 자금 1억 원을 가지고 한 채를 매수하여 500만 원의 수익밖에 올리지 못한다. 반면, 신용을 활용하여 한 채당 담보 대출을 5,000만 원씩 연이율 3%에 받을 수 있다고 하면 한 채당 자기자본 5,000만 원을 투자하여 5,000만 원의 대출을 받아 연간 150만 원의 이자를 내고도 350만 원이 남는다. 두 채를 살 수 있으니 총 700만 원의 수익을 낼 수 있다. 대출을 받지 못하는 사람보다 200만 원을 더 벌 수 있는 것이다. 이 돈은 다름 아닌 여러분의 직장에서 준 신용을 이용한 소득이다.

LTV(Loan To Value)니 DTI(Debt To Income)니 하는 용어를 한 번쯤은 들어 보았을 것이다. LTV는 부동산 가치 대비 대출 비율이니 여기서는 넘어가기로 하고, 수입과 관계있는 DTI를 살펴보자. DTI는 연간 원리금 상환액이 연간 수입금액에서 차지하는 비율을 말한다. 즉, 5,000만 원을 버는 사람이 1년에 2,000만 원을 원리금으로 낸다면, DTI는 2,000만 원/5,000만 원으로 40%가 된다. 현재 투기지역 DTI 기준이 40%다. 이를 적용한다면 과연 대출을 얼마나 받을 수 있는 것일까?

연봉이 5,000만 원이라고 가정하자. DTI는 전체 대출 금액이 얼마이든 간에 상관없이 '연간 얼마나 원리금을 상환해야 하는가'에 따라 결정된다. 4억 원을 연간 3.5% 이자, 30년 만기로 원리금균등상환으로 대출받으면 한 달에 원리금 상환액이 약 179만 원 정도가 되어 연간 2,000만 원이 조금 넘는 금액이 필요하다. 즉, 5,000만 원의 연봉을 받는 사람은 투기지역에서 40% DTI를 적용받아 30년 만기로 약 4억 원가량을 대출받을 수 있다는 이야기다(물론 담보 부동산 가격에 따라, 받을 수 있는 금액은 달라진다).

대출 기간을 30년 만기가 아닌 10년 만기로 변경하면 어떻게 될까? 4억 원을 같은 조건으로 10년 만기로 대출받으면, 한 달에 약 400만 원을 원리금으로 내야 해서 DTI가 약 95%까지 올라가게 되어 대출이 불가능해진다. 10년 만기로 40% 이내 DTI를 맞추면 약 1.8억 원 정도의 대출이 가능하다. 이처럼 DTI를 낮추기 위해서는 최대한 대출을 장기로 빌리는 것이 유리하다.

맞벌이 부부는? 연봉에 따라 차이가 있겠지만, 외벌이 부부와 동등 수준의 연봉을 각각 받고 있다면 대출 활용 가능 금액도 두 배다.

물론 감당하지 못할 대출을 받는 것은 절대 해서는 안 되는 일이다. 그렇다면 감당하지 못하는 대출이란 어떤 것일까? 기업회계에서 사용하는 '이자보상비율'이라는 개념이 있다. 1년 동안 영업이익과 이자상환 금액의 비율을 나타내는 것으로, 영업이익을 가정의 '현금 흐름'으로 대체하여 적용한다면 감당할 수 있는 부채인지 확인하는 지표로 활용할 수 있다. 이 지표가 1이 넘으면 감당하기 어려운 대출로 판단할 수 있고(현금 흐름보다 원리금상환액이 더 큰 경우임), 1 미만에서는 본인이 얼마나 리스크를 감당하느냐에 따라 기준이 달라질 수 있다. 독자 여러분의 성향에 맞추어 적절한 수치를 정하고 활용해 보면 좋을 것이다.

> 이자보상비율 = 현금 흐름 / 원리금상환금액

이자보상비율 관리와 함께 단기에 상환해야 하는 신용대출은 최대한 줄이고, 장기간에 걸쳐 상환하는 담보대출로 자금을 운용한다면 리스크는 상당 부분 줄일 수 있다.

부동산을 관리하다 보면 세입자 보증금을 빼 주는 등, 목돈이 단기적으로 필요할 때가 있다. 이럴 때를 대비하여 목돈을 통장에 묵

허두는 것은 투자할 돈도 없는데 너무나 효율이 떨어진다고 생각한다. 그래서 비상금은 순환대출(소위 마이너스 통장)을 개설해 놓는 것으로 대신하고 있다. 단기간 필요할 때만 통장에서 마이너스시켜 사용하고, 사용한 부분만 이자를 지불하면 되니까 통장에 굳이 비상금을 가지고 있을 필요가 없어 효율적이다.

요즘 같이 대출 규제가 심해지는 시기에는 신용대출로 공격적인 투자를 하기보다는 앞서 말했듯이 비상금의 개념으로만 사용하기를 권장하고 싶다. 신용대출만 아니라면 담보대출을 이장보상비율에 맞추어 사용하는 것은 리스크를 줄이고 수익을 극대화하는 좋은 방법이라고 생각한다.

✖ 눈이 번쩍 뜨이는 금리 설명

기준금리가 무려 6년 5개월만인 2017년 11월 30일을 기점으로 0.25% 인상된 1.5%가 되었다. 그동안의 초저금리 시대를 마무리하며 상승기조로 변화되었다고 생각할 수 있는 부분이다. 기준금리의 인상은 그럼 부동산 시장에 어떠한 변화를 가져올까. 정말 일부 사람들의 말처럼 부동산 가격이 폭락할까?

우리는 기준금리 인상이 부동산 시장이 양적 시장에서 질적 시장으로 변화하는 데 촉매제가 될 것으로 생각한다. 즉, 폭락은 없으나, 부동산 상품별 차이는 심화될 것이라는 이야기다.

기준금리가 오른다는 것은 통상 '경기가 좋아지고 물가가 오른다.'는 전제조건을 가지고 있다. 금리 상승기였던 2005~2007년의 부동산 가격은 폭등했다. 경기가 좋아져 소비할 수 있는 돈이 많아지고, 오르는 물가에는 부동산을 짓기 위한 원재료 및 인부들의 인건비도 포함되며, 부동산을 지을 토지의 가격 역시 올라가게 된다. 이런 상황에서 부동산 가격이 내려가는 것이 더 이상하지 않을까.

기준금리가 인상되면 정말 부동산이 폭락하는지는 과거의 사례와 세계경제의 주축이 되는 미국의 경우를 살펴보면 통찰력을 얻을 수 있다.

미국은 2009년을 저점으로 지속해서 주택 가격이 올라가고 있다. 기준금리를 이미 15년 말부터 올리고 있는 점을 생각할 때, 금리로 인한 폭락을 주장하는 사람들의 말이 맞는다면 미국 주택 가격은 폭락했어야 한다. 하지만, 상승하고 있다.

우리나라의 과거와 미국의 사례에서 보듯이, 금리 상승만으로는 부동산 가격의 하락이 오지 않는다.

우리나라처럼 주택담보대출이 많은 나라는 가격 하락의 위험성이 미국보다 크다고 생각할 수도 있다. 이 부분에서는 정부의 시각을 분석해 보자. 정부는 주택담보대출이 정말 위험하다고 생각하고 있는 것일까.

주택에 대해서는 크게 직접적인 대출인 주택담보대출과 일종의 질권이라고 할 수 있는 전세자금 대출이 있다(물론 역모기지 등도 있지만, 맞벌이 부부가 벌써 역모기지는 할 수 없을 것이라 본다). 두 가지 대출 중 유동성에 문제가 생겼을 경우에 더 위험한 대출은 무엇일까? 당연히 전세자금대출일 것이다. 대출이 없더라도 주택 가격이 내려가면 전세금 자체가 위험해질 텐데 주택 가격이 내려갈 것으로 판단하면서 전세

자금 대출을 축소하지 않는다는 것은 이치에 맞지 않는 이야기다. 즉, 정부에서는 주택담보대출 자체의 유동성은 큰 문제가 되지 않는다고 여기고 있다고 생각할 수 있다.

그렇다면 정말 걱정되는 부분은 어느 부분일까. LTV, DTI 그리고 DSR이라는 단어들은 부동산과 대출에 관심이 조금이라도 있는 사람이라면 한번쯤은 접해 봤을 단어들이다. 그런데 이번에 정부에서 위의 단어보다 좀 더 생소한 'RTI'라는 것을 들고 나왔다.

RTI는 'Rent To Interest'로 임대수익 이자상환비율을 이야기한다. 즉, 연간 임대료를 가지고 연간 이자를 얼마나 낼 수 있는지 보여주는 지표다. 계산 방법은 '연 임대소득 ÷ 연 이자비용'으로, 상가 등 비주택은 이 비율이 1.5 이상이어야 하고, 주택은 1.25 이상이어야 한다.

똑같이 이자를 연간 1,000만 원 낼 경우 상가는 1,500만 원 이상의 임대료를 받아야 대출 가능하고, 주택은 1,250만 원을 받아야 대출 가능하다는 이야기다.

통상 같은 금액을 투자했을 때 주택의 수익률이 상가의 수익률보다 1%는 높아야 실제 순수익이 같아진다. 상가는 인테리어 등을 세입자가 하고 나갈 때 원상복구하고 가기 때문에 월세 세입자를 위해 도배 등을 해 주어야 하는 주택에 비해 비용이 적고, 세입자가 바뀌는 빈도도 적기 때문에 중개수수료 등도 더 적게 들어가기 때문이다. 이렇게 따지면 RTI 비율이 상가가 오히려 더 낮거나 최소한 주택과 동등 수준은 되어야 정상이라고 할 수 있을 것이다.

정부에서는 이러한 차이가 발생하는 원인을 주택이 상가보다 팔기 쉽다는 점에서 여신이 부실화될 확률이 낮기 때문이라고 이야기한다.

우리는 이에 대해 좀 더 다른 시각을 가지고 있다. 수익형 부동산에 있어서 금리 변화로 인해 임대료 수익이 줄어들거나 늘어나는 것은 단순히 임대료 수익의 변화 차원의 문제가 아니다.

금리가 하락기였을 때 수익형 부동산에서 수익이 나는 구조를 살펴보자.

금리가 하락하는 추세에서는 어떤 일이 벌어질까? 대출금리가 5~6%대, 적금 이자는 4% 중반인 시기에 수익형 부동산은 최소한 대출금리 이상의 수익률이 나와야 매매나 분양이 이루어진다. 수익률이 7~8%는 되어야 한다는 이야기다. 이때 만약 수익형 부동산 가격이 1억 원이었다고 가정해 보자. 그러면 수익률 8%를 기준으로 월세가 연간 800만 원 정도 나온다(계산 편의상 보증금 등은 없는 것으로 가정). 금리가 점차 하락하여 대출금리가 3%대이고 적금이 2% 수준이라고 한다면? 요즘 서울의 수익형 부동산은 수익률이 기껏해야 연간 4.5% 정도 수준이다. 그런데 금리가 떨어진다고 하여 과연 월세가 떨어졌을까? 월세는 웬만하면 떨어지는 경우가 없다. 물가가 오르기도 하고, 수익형 부동산이 자리 잡은 지역은 주로 인기 지역이기 때문에 수요가 급감하는 경우도 드물기 때문이다(물론 수요가 적어지는 지역도 있을 수는 있지만). 그럼 월세가 여전히 800만 원을 유지하고 있다면 해당 수익형 부동산의 매매가는 얼마가 될까? 수익률 4.5%

여의도 맞벌이 부부가 잘사는 법

를 기준으로 하면 무려 약 1억 8,000만 원이다. 신축 대비 연식이 조금 있을 것이니 5~5.5% 정도 수익률을 맞추어서 1억 5,000만~1억 6,000만 원 정도면 충분히 매도가 가능할 것이다. 금리 변화만으로 시세가 무려 50~60% 오를 수 있다는 이야기다. 여기까지가 최근 몇 년 동안 오피스텔 등의 가격이 상승한 요인이라고 생각하면 된다.

반면 현재와 같은 금리 상승기에서는 위와 반대의 상황이 벌어진다. 1억 5,000만 원으로 올랐던 오피스텔은 금리가 올라가면서 적금 등 안전자산 대비 '상대적인' 매력도가 떨어지게 되어 결국 훨씬 낮은 가격에서야 매도할 수 있게 된다.

이것이 진정 수익형 부동산에 감춰져 있는 리스크다.

물론 너무 걱정할 필요는 없다. 우리나라 기준금리는 인상이 상당히 제한적일 것으로 판단되는 부분들이 있기 때문에 금리가 오르더라도 매우 점진적으로 소폭 올라갈 것이다.

또한, 위의 내용을 반대로 보면 금리가 올랐을 때가 바로 수익형 부동산 투자의 적기라는 이야기도 된다!

금리의 상승은 수익형 부동산과 같은 투자 자산의 가치는 상대적으로 불리하게 작용하는 데 비해, 금리 상승이 경기 상승의 신호라는 점에서 보면, 경제 사정이 나아진 사람들의 '실수요'는 그 가치가 더욱 올라가는 차별화된 영향을 줄 것으로 생각한다. 바로 지금의 서울 부동산 시장처럼 말이다.

step 03 실행 단계

맞벌이 부부,
부자되기를 '실행'하다

✖ 주거용 부동산 투자 포인트,
'살고 싶은 곳'과 '살아야 하는 곳'

주거용 부동산을 구분하고 선택하는 방법은 많다. 아파트와 빌라, 오피스텔 같은 부동산 상품에 따라 구분하기도 하고, 강남 아파트, 강북 아파트 등 지역으로 구분하기도 한다. 투자를 결정함에 있어서 어떠한 방법으로 부동산을 구분하고 바라보는 것이 좋을까 고민하다 우리는 '살고 싶은 곳'과 '살아야 하는 곳'으로 나누는 방법을 터득하였다.

살다 보면 어쩔 수 없이 살아야 하는 지역이 있고, 너무나도 살고 싶은 지역이 있는 걸 경험할 것이다. 두 경우 모두 해당 주거용 부동산에 산다는 점에서 수요가 있는 곳이라고 할 수 있다. 구체적으로 한번 구분해 보도록 하자.

❶ '살아야 하는 곳'
'살아야 하는 곳'은 본인의 경제적 상황이나 직장 등 일자리에 의

해 좌우되는 경우가 많다(물론 개인적으로 아이를 키우기 위해 처가 옆에 살아야 한다든지 하는 경우도 있지만). 주거비용으로 사용할 수 있는 돈이 부족한 경우 상대적으로 저렴한 지역이나 아파트 대신 빌라 등을 선택하게 된다. 가장 중요하고 일반적인 경우는 일자리가 있는 곳이다. 직주접근(직장·주거접근)은 오래전부터 부동산 시장에서 중요한 부분을 차지하고 있었다. 한동안은 학군이 더욱 중요하게 여겨지는 시기도 있었지만, 아이를 하나만 낳거나 아예 낳지 않는 경우가 많아지면서 학군 수요보다 직주접근이 부동산에 있어서 가장 중요한 가치로 여겨진다.

이러한 '살아야 하는 곳'의 특징을 가장 잘 나타내는 곳은 바로 지방의 산업단지 부근 주택들이라고 할 수 있다. 이런 곳의 특징은 일자리를 위해 회사 근처에 혼자서 사는 사람들이 많고, 주거용 부동산을 매매를 통해 자가 소유보다는 월세나 전세 거주를 선호한다는 점이다. 이러한 곳의 주거용 부동산은 '수익형' 부동산으로 접근하기 좋은 조건이다. 일자리가 있는 지역으로서 지금은 '살아야 하는 곳'이지만, 해당 목적을 유지하기 어렵거나 불가능한 경우 주거의 이유도 없어지므로 거주민 중 상당 부분이 월세나 전세를 선택한다. 이런 부동산 시장에서는 임대 수익률에 초점을 맞춘 접근이 필요하다. 특징으로는 통상 매매가격이 상대적으로 저렴하고 임대수익률은 높은 대신, 매매로 거주하기를 선호하지 않는 만큼 매매가격이 큰 폭으로 오르기 어려운 부분이 있다는 점이다. 임대 수익률에 따라 매매가격이 달라지기 때문에 임대료 변화 추이와 기준금리의 변화를 잘 주시해야 하는 시장이다. 앞에서 이야기한 금리에 따른 가격변동이 민감하게 반영되는 시장이라고 할 수 있다. 투자 전략은 기준금리가 올라 해당 부동산에서 요구되는 임대 수익률이 높을 때 매수를 해서, 기준금리가 떨어져서 요구 임대 수익률이 낮을 때 매도하는 전략이 유효하다고 할 수 있겠다. 여기서 요구 임대 수익률은 위험성이 없는 투자처인 적금 수익률 대비 상대적으로 위험을 감수하면서 투자하는 수익형 부동산에서 최소한으로 기대하는 수익률로써 지역이나 부동산 종류나 현황에 따라 달라질 수 있다.

예를 들어 월세가 100만 원, 연간 임대료가 1,200만 원인 부동산이 있다고 하자. 기준금리 변화에 따라 적금금리가 4%에서 2%로 감소할 경우에 요구 임대 수익률 변화에 따른 매도 가능 가격의 변화를 살펴보면, <표 5>와 같이 매매 가격의 극적인 변화를 예상할 수 있다.

표 5 금리 변화로 요구 임대 수익률 변화에 따른 매도 가능 금액 변화

구분	금리 상승 시	금리 하락 시	비고
월세	100만 원(연간 1,200만 원)		변동 없음
적금금리	4.0%	2.0%	안전자산 수익률에 따라 요구 임대 수익률 결정
요구 임대 수익률	6.0%	4.0%	
매도 가능 가격	2억 원	3억 원	요구 임대 수익률에 따라 가격 결정!

여의도 맞벌이 부부가 잘사는 법

❷ '살고 싶은 곳'

　반면 '살고 싶은 곳'은 거주 쾌적성의 측면과 심리적 만족도가 큰 곳이라고 할 수 있다. 주택이 절대적으로 부족하던 과거의 주택 시장은 주택이 공급되는 곳이 '살고 싶은 곳'이 되었다. 공급이 부족한 상태라 질적인 면을 따지기 어려웠기 때문이다. 그러나 이제 우리나라도 전국적으로 주택 보급률이 100%를 넘어섰다. 즉, 절대적으로 공급이 부족한 시기는 지나갔다는 이야기이며, 앞으로의 부동산 시장은 보다 질적인 부분이 중요하다는 의미이기도 하다.

　거주쾌적성에는 위에서 언급한 직주접근도 하나의 요건이 되나, 이외에도 심리적인 만족감 등이 수반되어야 한다.

　통상 기본적으로 '살고 싶은 곳'이란, 생활 인프라가 갖추어져 있으면서 학군이나, 직주접근, 자연환경, 교통 등의 장점이 있는 곳이다. 정말 누구나 살고 싶어 하는 곳 중 하나인 '강남'은 생활 인프라와 학군, 직주접근(일자리), 교통 등, 부동산에서 선호하는 거의 모든 조건을 갖춘 곳이다.

　이런 '살고 싶은 곳'의 특징은, 기준금리의 변동이나 정부의 규제 등과 같은 외부적 요인보다는 '수요와 공급' 측면에서 가격이 형성된다는 것이다. 이런 곳은 '살아야 하는 곳'과는 달리 금리 변동에 따른 수요의 증감이 크지 않다. 금리가 떨어지면 대출 여력이 커져서 수요가 커지고, 금리가 올라가면 경기가 좋아지는 시기이므로 대출 여력은 줄어드는 대신에 경기 상승으로 인해 수요자들의 자금 여력이 좋아져 살고 싶었던 곳으로 수요가 이어진다.

정부가 부동산 규제를 강화하는 경우도, '살고 싶은 곳'은 가격이 하락하기 어렵다. 부동산 규제는 항상 '다주택자'에 대한 규제를 포함한다. 이 경우 사람들은 주택 수를 줄이되 소위 '똘똘한 한 채'를 남기고 싶어 한다. 이 똘똘한 한 채는 사람들이 살고 싶어 하는 지역의 집이 선택된다. 이미 이러한 집을 가지고 있는 사람은 매도를 잘 하지 않고, 가지고 있지 않은 사람은 작은 것들을 정리하여 살고 싶은 지역에 한 채를 마련하고 싶어 한다.

이렇게 '살고 싶은 곳'은 수요가 끊이지 않기 때문에 가격 역시 상대적으로 비싸고, 수익형 부동산도 대부분 매우 낮은 수준의 수익률을 보인다. 대신 수요가 공급 대비 높은 상태를 유지할 경우는 상대적으로 비싼 가격에도 불구하고 더욱 큰 폭의 가격 상승을 보이기도 한다. 오히려 비쌀수록 더 잘 팔린다는 '베블런 효과(Veblen effect)'를 보이는 곳까지 있다.

위 두 가지 투자 포인트인 '살아야 하는 곳'과 '살고 싶은 곳' 모두 상황에 따라서 훌륭한 투자처가 될 수 있다. 특히 '살고 싶은 곳'은 가격이 비쌀 뿐이지 어떠한 상황에서도 좋은 투자 조건을 가지고 있는 경우가 많다. 그럼 투자 자금이 부족한 맞벌이 신혼부부들은 어느 곳에 투자하면 좋을까. 투자 자금이 부족해서 '살고 싶은 곳'에는 투자할 수 없을까? 이 책을 뒷부분까지 읽다 보면 여기에 대한 인사이트(insight)를 얻을 수 있으리라 생각한다.

✖ 결혼 2개월 만에 마련한 월세 받는 아파트

우리 부부는 신혼 초기에 '살아야 하는 곳'의 투자에 집중했다.

살아야 하는 곳을 투자처로 선정한 데에는 3가지 이유가 있다.

첫째, 투자 자금이 부족했다. 사실 부족한 정도가 아니고 순수 우리 자금은 아예 없었다. 이미 신혼집도 대출을 받아 마련했는데 투자금이 어디 있었겠는가. 둘째, 이 투자로 꾸준한 현금 흐름을 얻을 수 있어서다. 투자 자금이 없으니 대출로 투자해야 하는데 부동산 투자로 발생하는 월세를 이용하여 대출 이자도 내고, 종잣돈을 더 모으자는 취지였다. 마지막으로 셋째, 가장 중요한 이유로 그 당시 기준금리가 정점이라고 판단하였기 때문이다.

그때는 2011년 5월로, 기준금리가 3%였다. 이후 2011년 6월에 한 차례 기준금리가 올라서 3.25%가 되었고, 이후 2017년 11월 30일 기준금리를 인상하기 전까지 장장 6년 5개월간의 금리 하락기가 유지되었다. 앞에서 설명한 것처럼 살아야 하는 곳에 있는 수익형 부동산들은 금리의 영향을 많이 받는다. 월세가 문제가 아니다. 결국, 매매가격이 달라진다. 물론 월세 수익은 현금 흐름으로써 매우 중요하고 엄청난 가치를 가진다. 하지만 월세를 아무리 많이 받아봐야 매매가격이 그동안 받은 월세보다 더 떨어진다면 그 투자에 무슨 의미가 있겠는가. 그 당시는 금리가 거의 정점을 찍었을 때라 수익형 부동산 투자에는 최적기라고 할 수 있었다.

그렇게 우리 부부는 함께 책을 읽고 거실 벽면을 꽉 채운 화이트보드에 써가면서 서로 논의했던 내용으로 결혼 후 두 달 만에 우리 부부의 삶 자체를 바꾸는 최초의 시도를 하게 된다. 2011년 5월, 우리 회사의 창립기념일과 와이프의 휴무일을 맞춰서 같이 평일에 쉬게 되었다. 원래는 사람들로 붐비지 않을 때 에버랜드에 가기로 계획하고 있었다. 하지만 바로 전날, 우리는 생각을 바꾸었다. 놀이공원도 좋지만, 그 전에 우리가 책을 읽고 생각했던 것이 실제로는 어떤지 현장에 가서 부딪혀보자고 한 것이다. 어디로 갈까 생각하던 중 나는 예전에 살았던 진천에 한번 내려가 보자고 했다.

와이프를 만나기 직전까지 진천 소재 공장의 관리자로 있었던 나는 혼자 살만한 집을 구하기 어려워 항상 애를 먹었다. 일단 혼자 살만한 집 자체가 많지 않고, 있어도 건설 중 부도가 나서 아직 해결이 안 된 보증금에 문제가 생길 확률이 높은 불안한 아파트가 대부분이었다. 그때 마침 부도난 아파트 한 동이 통째로 전체 호실이 경매에 나오는 일이 있었다. 정말 투자 목적이 아닌 혼자 실거주할 목적으로, 10평짜리 분리형 원룸을 2,015만 원에 낙찰받을 수 있었다(2008년). 비록 자그마한 집이었지만, 안정적인 보금자리를 구했다는 기쁨이 컸다. 거주 중에 부평으로 발령받아 갈 때는 보증금 300만 원에 월세 20만 원, 14%에 달하는 수익률로 월세를 줄 수 있었다. 이 아파트는 2011년 결혼자금으로 사용하기 위해 매도하였을 때 가격이 3,000만 원이었다. 월세를 제외하고도 자본 이득 수익률만 50%에 달했지만, 1 주택이었기 때문에 양도소득세도 내지 않았다. 사실 양도소득세를 냈다고 해도 양도소득세는 '금액'으로 분류 과세하는 세금이라 6% 정도만 내면 되었기 때문에 큰 부담은 아니었다. 결국, 실거주 목적으로 경매를 받았으나, 세금을 제외하여도 실거주로 사용 및 쏠쏠한 수익을 남기는 투자가 되었다. 부동산 투자는 가수요지만, 결국 부동산의 가격이 올라가는 것은 실수요가 중요하다는 생각이 들었다.

그 당시에는 '살아야 하는 곳'과 '살고 싶은 곳' 같은 구분을 해 낼 수 있을 만큼 지식과 경험이 있지는 않았지만, 진천이라는 지역이 제대로 된 집이 부족하고 수요가 늘고 있는 곳이라는 점은 경험을 통해 알 수 있었다. 그래서 우리는 부족한 투자 자금으로 수요가 있고 가격이 상대적으로 저렴한 진천에 우리 부부의 첫 부동산 임장을 가게 되었다.

진천의 아파트는 오래되긴 했어도 서울 아파트 가격에 비하면 매우 쌌다. 위에서 설명했듯이 진천의 아파트는 산업단지에 있는 아파트였기 때문에 '살아야 하는 곳'에 해당하는 곳이었다. 그렇기 때문에 서울 아파트보다 '절대적'으로 싼 곳도 있었지만, 월세 수익률 대비 '상대적'으로도 저렴한 곳도 많았다. 대출을 고려하지 않고도 월세 수익률이 무려 10% 이상 되었다. 지금도 이 정도 수익률인데, 금리가 하락하기 시작하면 어떻게 될까? 우리는 임장을 다니면서 가슴이 뛰었다.

여러 아파트를 둘러보고는 우리가 처음 투자하게 된 아파트를 만나게 되었다. 16평 투룸 아파트였다. 방 하나, 거실 겸 방 하나, 이 방들과 조그마하게 분리된 주방이 있는 집이었다. 임대는 보증금 500만 원에 월세 30만 원을 받을 수 있는 곳이었다. 집을 보고 우리는 근처 식당에서 식사하면서 여러 가지 가능성에 대해 검토했다. 매매가가 떨어질 우려가 있을까? 월세 수익률이 10%가 넘는데 더 떨어질 것 같지는 않았다. 임대는 잘 나갈까? 해당 공단에 대기업 식품회사 공장이 3개나 있었고 인근 지역까지 합하면 더 많았다. 중견기업이나 중소기업도 많이 들어와 있었으며, 신규 공장을 짓고 있는 모습도 확인할 수 있었다(실제로 나중에 CJ 공장도 해당 공단에 들어왔다). 그렇다면 자금은 어떻게 마련할까? 이 부분은 지방의 소형 아파트이기에 가능했다. 바로 신용대출을 이용하는 것이었다. 우리 부부는 직장인이었기 때문에 앞에서 이야기한 맞벌이 부부의 장점인 '대출이 용이하다'는 장점을 십분 활용하였다. 몇천만 원 수준의 신용대출로는 서울의 아파트는 살 수 없지만, 진천의 소형 아파트는 가격이 3,950만 원이었기 때문에 매수가 가능했다. 매수가 3,950만 원에서 보증금 500만 원에 월세 30만 원이 들어오니, 대출 이자 18만 원을 내고도 우리에게 남는 순수한 이익금이 월 12만 원가량 되었다. 12만 원이 큰돈은 아니라고 생각할 수 있다. 그러나 중요한 것은 이 돈이 별다른 투자 없이 생각과 행동만으로 들어오는 돈이라는 점이다. 이렇게 본다면 결코 적은 돈이 아니라고 생각한다. 그렇게 우리 부부는 첫 임장을 간 당일에 덜컥 16평짜리 투룸을 계약했다. 와이프의 화끈한 실행력이 없었다면 이렇게 바로 계약까지는 하지 못했을 것이다. 생각은 누구나 할 수 있다. 하지만 실행하는 사람은 매우 소수다. 우리 부부가 돈에 여유가 있어서 투자가 가능했던 것이 아니다. 취득세마저도 지불할 돈이 없어서, 그야말로 우리 돈을 하나도 들이지 않고 100% 대출로 모든 거래비용을 지불했을 정도였다. 투자하는 사람과 그렇지 않은 사람들의 차이는 명확하다. 실행을 하느냐 안 하느냐의 차이가 미래를 바꾼다.

아마 그 날 우리 부부가 에버랜드에 갔다면, 우리 부부가 둘이 함께 쉬는 날이 한 달에 네 번 손에 꼽을 정도이고, 게다가 첫 아이도 일찍 생겼기 때문에 아마 지금쯤 아이를 낳고 육아와 회사 일로 허덕이며 남들과 같은 인생을 살고 있을지도 모른다. 물론 지금도 육아를 하고 회사 일에 바쁘지만, 이러한 투자들로 이루고 있는 것들이 있다. 또한, 앞으로의 꿈이 있기에 회사 생활도 더욱 활기차고 열심히 즐겁게 할 수 있고, 아이들의 육아도 더욱 긴 호흡으로 책육아에 집중할 수 있는 원동력이 되었다고 생각한다. 이렇듯 같은 상황이지만 우리가 생각하고 실행을 어떻게 하느냐에 따라 우리의 삶을 대하는 태도와 행복감 그리고 결과에 엄청난 차이가 있다.

_ 첫 투자. 왜 16평 투룸이었나

우리가 투자한 곳과 같은 지방의 산업단지를 둘러보면, 대도시가 아닌 이상 가정생활을 하는 사람보다도 혼자 내려와 생활하는 사람이 더 많다. 언뜻 원룸에 투자하는 것이 좋을 것 같다는 생각을 하게 되지만, 오히려 그렇게 생각하는 사람이 많기 때문에 원룸은 공급이 끊이지 않는다. 이런 환경에서 우리가 생각한 것은 틈새시장이라 할 수 있는 투룸을 매매한 것이다. 지방 산업단지는 인력을 구하기 위해 기숙사를 운영하는 경우가 많다. 투룸은 어느 정도 간단하게 가정 생활하는 사람에게도 수요가 있으며, 주변 회사에서는 원룸대비 투룸은 조금만 높은 가격을 지불하면 한 집에 두 명의 숙소를 구할 수 있기 때문에 선호도가 높다. 또한, 원룸처럼 공급이 많지도 않기 때문에 공급 대비 탄탄한 수요가 보장된다. 실제 현재까지 보유하고 있는 24평 쓰리룸 아파트의 경우, 회사 기숙사로 사용하고 있으며 5년째 변경 없이 임대를 주고 있다.

시작이 반이라고 했던가. 무엇이든 시작이 제일 어렵다. 부동산 투자도 처음은 매우 생소하고 걱정도 많이 되었지만, 이 한 번을 계기로 우리는 더욱 높은 목표를 향해 나아가게 된다.

✖ 신혼 부부 <월세 300만 원 받기> 프로젝트

우리 부부가 한 달에 사용하는 돈이 얼마인지 한 번 통계를 내본 적이 있다. 지금이야 아이들도 있어서 지출이 더 많지만, 그 당시에는 우리 둘 다 낭비하는 습관이 없어서 그런지 직장을 다니면서도 한 달에 둘이 합해 200만 원 정도 쓰고 있었다. 물론 아파트 관리비나 핸드폰 비용도 포함된 금액이었다. 우리는 향후 아이가 생기거나 할 때를 대비해 일차적으로 경제적인 자유를 얻을 수 있는 금액으로 대출 이자나 세금을 제외한, 순수 월세 수익 300만 원을 목표로 하고 어떻게 하면 이를 달성할 수 있을까 고민했다. 앞에서 이야기했지만 물론 그 당시 우리 부부가 돈이 많아서 이런 목표를 설정한 것은 아니었다. 다만 할 수 있다는 생각과 어떻게 하면 할 수 있을까라는 고민을 통해 방법 찾기를 포기하지 않았다.

첫 아파트를 매매하고 첫째 아이가 생기기 전에 같은 지역의 아파트를 하나 더 매수하였다. 첫째 아이가 결혼 4개월 만에 생겼으니, 다른 건 몰라도 실행력 하나만은 최고였다고 생각한다. 첫째 아이가 생기고 나서는 더욱 빨리 재테크 시스템을 만들어야겠다는

여의도 맞벌이 부부가 잘사는 법

생각이 들었다. 아이가 나오게 되면 둘이 살 때보다 돈도 훨씬 많이 들 것이고, 육아 휴직이라도 하게 되면 수입 역시 줄어들 것이다. 육아에 대부분 할애를 해야 할 테니 투자를 위한 시간적 여유도 많이 줄어들 것으로 생각되었다. 그래서 우리 부부는 더욱 노력했고, 결혼 후 2년 동안 총 다섯 채의 지방 아파트를 구매하여 보다 의미 있는 규모의 월세를 받는 시스템을 구축했다(일부는 자금 사정상 전세를 이용했음). 다섯 채라고 해도 사실 그중 제일 비싼 아파트 가격이 5,500만 원이었으니 다 합해도 그 당시 사고 싶어 눈여겨보던 도곡동 10평짜리 주상복합 한 채 값에도 미치지 못했지만, 월세는 2배 가까이에 달했다(도곡동 10평짜리 주상복합은 시세가 2억 5,000만 원이었던 시절에 사고 싶었는데 자금 부족으로 결국 사지 못하고, 불과 몇 달 만에 시세가 3억으로 올랐던 아쉬운 기억이 있다).

그 후 한동안은 자금 모으는 데 보다 집중하면서 모은 자금으로 전세가 만기 되는 집을 월세로 돌렸다. 우리가 모은 실제 자금만 아니라 대출 여력이 늘어나면 그 부분 역시 적극적으로 활용하였다. 대출을 무조건 늘리는 것은 물론 위험하다. 미국의 서브프라임 모기지 사태도 파생상품의 문제가 결국 문제를 키웠지만, 본질은 상승한 집값을 담보로 무분별하게 대출을 늘려 그 돈을 소비에 사용한 데 있다고 할 수 있다. 앞에서 부자가 되기 위해서는 우리가 지금 무엇을 하고 있는지를 명확히 알아야 한다고 설명하였다. 대출에서 이 부분은 매우 중요하다. 같은 대출을 받더라도, 그 대출 자금을 소비 등으로 사용해 버릴 목적이라면 이는 매우 위험한 행동이 되겠지만, 그 대출을 이용해 자산을 증식하고 현금 흐름을 개선하는 데 사용한다면 오히려 좋은 대출이라고 할 수 있을 것이다. 내가 이 대출로 무엇을 할 것인지. 그것이 우리에게 어떠한 영향을 주는지 확실히 알고 행동해야 부자가 되는 길에 다가갈 수 있다.

열심히 첫째 아이를 키우면서 투자를 병행하던 사이, 둘째가 생겨 육아와 태교에 보다 집중하면서 보유하고 있는 자산의 내실을 기하는 시기를 가졌다.

우리는 재테크의 목표를 추구하는 바에 따라 맞추어서 설정했다. 월세 받는 부동산을 매수 할 때는 순수 월세 금액이 목표였고, 자본 이득에 보다 집중하는 현재는 전체 자산 증가 금액을 목표로 잡았다. 그중에서도 신혼 초에 월세 받는 부동산을 찾아다니고 매수하던 시절에 첫 번째로 삼았던 목표가 앞에서 이야기한 <월세 300만 원> 받기 프로젝트였다.

이렇게 노력한 끝에 결혼 2년 4개월 만에 월세 100만 원을 달성하였다.

투자는 마치 언어를 배우는 것과 같다. 아기가 태어나서 주변의 이야기를 듣는다. 듣고 듣고 또 들어도 일정 수준이 될 때까지는 한마디도 뱉어내지 못하다가, 어느 순간 '엄마' 혹은 '아빠'라는 말을 하기 시작한다. 이러한 경험들이 쌓이고 쌓여서, 어느 순간 문장으로 이야기하는 아이를 보면 신기할 따름이다. 투자도 이렇다. 듣기만 하고 생각만 하던 것들을 처음 실행해 본다. 마치 '엄마'를 처음 말하는 것처럼 말이다. 아이들이 말을 입 밖으로 내지 않았다면 말하지 못했을 것처럼, 투자도 해 보지 않으면 이루어 낼 수 없다. 이렇게 작게 시작한 투자가 처음에는 조금 천천히 가는 것처럼 느껴질 수 있다. 우리의 처음 월세가 12만 원이었던 것도 그렇고, 월세 300만 원이라는 목표를 세워 놓고 100만 원을 달성하는데 2년 4개월이 걸린 것도 빠르다고 보기에는 어려울 것이다(물론 자본금이 거의 없는 상태로 시작한 것이고 두 아이를 키우면서 달성한 것을 감안하면 그렇게 나쁘다고 생각이 들지는 않는다). 그러나 이렇게 쌓이고 쌓인 투자 경험이, 아이가 문장을 내뱉듯이 한 번에 투자의 성과를 높여 주는 밑거름이 된다.

결혼 2년 4개월 만에 월세 100만 원을 달성한 후, 원래 목표였던 300만 원은 과연 얼마 만에 달성했을까. 100만 원 달성 후 정확히 6개월이 더 걸렸다. 즉, 결혼 2년 10개월 만에 월세 300만 원 목표를 달성한 것이다. 과연 어떻게 달성할 수 있었을까?

우리는 관심 있는 지역의 부동산들과는 가능한 좋은 관계를 유지하기 위해 노력한다. 물론 꼭 비즈니스적인 이유보다도, 중개업도 서비스업인데 우리가 수수료를 지불한다는 이유만으로 무례하게 구는 것은 옳지 않다고 생각하기 때문이다. 그분들도 언제 어떻게 우리의 고객(혹은 우리 회사의 고객)으로 만날지 모를 일이다. 이렇게 좋은 관계를 유지하면서 언제든 좋은 물건이 있으면 매수하겠다는 의지를 잘 이야기해 놓으면 정말 괜찮은 물건이 있을 때 연락을 주곤 한다. 물론 받아들이는 우리 입장에서도 잘 검토해야겠지만, 확인해보면 대부분 평균 이상의 좋은 매물이다. 이렇게 추천을 받았던 매물 중에서 우리의 자금 사정 등에 잘 부합하는 매물을 발견할 때도 있었다.

 추천받은 물건은 다가구였는데, 신축 건물로 정말 세입자들의 편의를 고려해서 지은 건물이라는 생각이 들었다. 원룸인데 실 평수가 10평 정도로 크게 지어졌고, 중문, 베란다도 있었으며, 엘리베이터까지 갖추어져 있었다. 다가구 건물을 임대하는 데 있어서 엘리베이터 유무는 상당히 중요하다. 엘리베이터가 없으면, 세입자들이 저층을 선호하며 3층 이상은 임대를 맞추기가 어렵고, 시세도 떨어진다. 엘리베이터가 있으면, 좀 높더라도 임대료에 차이가 없고 오히려 높은 층을 더 높게 받을 수도 있다. 그 건물은 세입자의 전세 비중이 높은 편이라 초기 자금이 거의 들어가지 않는 우리한테는 알짜 매물이었다(월세가 높으면 좋겠지만 우리는 자금이 부족했으므로). 임장과 검토 끝에 우리는 17세대(투룸 3세대, 원룸 14세대, 엘리베이터 有) 다가구 건물의 주인이 되었다. 매매 금액 대비 대출과 전세 비중이 높아 실제 투자 금액은 1억 남짓(이마저도 일부는 신용 대출로 충당하였다)으로 말이다. 이자와 세금을 제외하고도 다가구에서만 220만 원의 순수 월세가 나왔다! 기존 월세와 합해서 월마다 320만 원의 현금 흐름이 생긴 것이다. 잔금 시점은 취득세 절세를 목적으로 취득세가 영구 인하되는 2014년 1월로 맞추었다(실제 취득세 2013년 매매 대비 2,000만 원 절감). 이로써 우리 부부는 2014년 1월부로 월급만큼 월세를 받는 건물주가 되었다. 월세를 모으고 기존 보유하고 있던 아파트 일부를 매도하여 만든 자금으로, 다가구 전세 세대를 월세로 전환해 갔다. 이렇게 결혼 만 5년 차가 되었을 때는 월세가 이자 및 세금을 제외하고도 최대 440만 원에 이르렀다. 이때는 연간 월세 수익률이 자기자본 대비 34%에 달했었다. 월세 소득으로 경제적 자유를 누리기에 충분한 액수였다. 하지만 우리는 좀 더 고민했다. 더 좋은 방법을 없을지에 대해서 말이다. 고민의 결과는 '진화단계' 챕터에서 자세히 이야기할 예정이다.

✖ 부동산 투자의 '언택트(untact)'

요즘 언택트라는 단어가 화두 중 하나다. '접촉한다'는 뜻의 'Contact'에 'Un'을 합성해서 만든 단어로 김난도 교수가 『트렌드코리아 2018』에서 소개한 단어다. 원래 언택트는 소비자가 상품을 구매하거나 서비스를 받는 데 있어서 점원과 대면하지 않는 것을 이야기한다. 흔히 요즘 패스트푸드점에 널리 설치되고 있는 키오스크를 통해 직접 주문 및 결재를 하는 것이 여기에 해당한다고 하겠다. 투자자는 부동산 시장의 소비자라기보다는 임대 주택의 공급자다. 이 언택트라는 단어를 소비자가 아닌 '임대 주택의 공급자'의 관점에서 풀어보면, 내가 직접 세입자를 대면하지 않고 임대를 관리 하는 것을 뜻한다고 볼 수 있다.

_ 투자(사업)를 한다는 것은 시스템을 구축한다는 것이다

투자도 일종의 사업이라고 할 수 있다. 사업을 한다는 것은 '시스템을 구축한다.'는 말로 대체할 수 있다고 생각한다. 물론 의사나 약사같이 본인의 노동력을 이용하여 사업자를 내고 개인 사업을 하는 사람은 이에 해당하지 않는다. 진정한 사업이란 사업을 하는 사람이 꼭 사업장에 붙어 있지 않아도 되고, 최소한의 노동력 제공으로 수익을 내는, 시간상으로 자유로운 것이라고 생각한다. 우리가 다니는 회사를 생각하면 쉽다. 사장님은 특별한 경우를 제외하고는 우리처럼 야근하거나 업무시간에 얽매이지 않지 않는가.

맞벌이 부부, 특히 자녀가 있는 맞벌이 부부는 늘 시간이 부족하다. 우리는 이러한 점을 해결하기 위해 부동산 관리의 언택트 시스템을 구축하고 이용했다. 거창한 말 같지만, 사실 누구나 할 수 있는 일이다. 항상 이야기하지만, 실행만 해본다면 그 뒤는 쉽다. 실행이 중요하다.

수익형 부동산으로 보유하고 있던 진천 지역의 주택은 서울과 거리가 있었다. 퇴근하다 들러서 부동산을 관리할 수 있는 곳이 아니라는 이야기다.

부동산 임대 같은 경우에는 해당 지역에서 가장 협조적이고 믿을 수 있을 만한 중개사무소를 일종의 전속 중개소로 정한다(실제 전속 중개 계약을 한 건 아니지만 필요하면 할 수도 있다). 그리고 매매나 임대 중개를 모두 일임하는 조건으로 부동산에 대한 전반적인 관리를 부탁한다. 강남 지역 등의 경우는 아예 이렇게 관리해 주는 업체도 있다. 확정 수익을 주면서, 월세 받는 것, 수리 등도 직접 관리해 준다. 물론 당연히 이런 업체를 통하면 그만큼 수익률이 떨어진다. 나는 이런 업체에 맡기기보다는(맡길 수 있는 지역도 거의 없지만), 앞에서처럼 협조적인 중개사무소를 찾아서 전체적인 관리를 맡겼는데 이것이 비용 측면에서도 좋다. 중개사무소를 주축으로 시스템을 구축하는 데 필요한 리스트는 다음과 같다.

① **협력적인 중개사무소** - 임대 관리 및 매매를 전속으로 맡기는 업체
② **수리업체** - 수리할 것이 발생하였을 때 맡기고 수리할 수 있는 업체
③ **도배업체** - 세입자 변동 시 도배 및 장판을 맡길 업체
④ **청소업체** - 세입자 변동 시 입주 청소를 시킬 업체(다가구는 평소 청소의 뢰 포함)
⑤ **엘리베이터 업체** - 다가구의 경우 엘리베이터 문제 발생 시 해결해 줄 업체를 사전에 계약해 놓아야 한다(안전검사 등도 때가 되면 대행해주어 법을 위반하지 않게 도와준다).
⑥ **오수처리 업체** - 다가구의 경우 오수처리 장치의 주기적 관리와 오수 약품 처리
⑦ **음식물 쓰레기 업체** - 다가구의 음식물 쓰레기 수거
⑧ **가전/가구 업체(옵션)** - 풀 옵션을 구성할 때, 가전, 가구를 인터넷에서 사도 되지만 다가구 등의 여러 세대를 동시에 구성하는 경우 지역 업체를 활용하면 시간을 절약할 수 있다.
⑨ **인터넷이 연결된 CCTV** - 다가구를 관리할 때는 주차장, 복도 등에 CCTV를 설치하고 인터넷을 통해 실시간 및 녹화 영상을 확인하면 좋다.

리스트에서 보듯이 다가구를 관리하기 위해서는 다른 부동산보다 더 많은 준비가 필요하다. 여러 업체를 통해 관리하는 시스템을 구축해 놓으면 직접 부동산을 관리해야 하는 경우가 거의 없다. 웬만한 부분은 전화로 의뢰하는 것만으로도 해결된다. 다가구(17세대짜리) 건물 관리에 매달 청소 15만 원, 오수처리시설 관리 10만 원, 엘리베이터 관리 9만 원, 음식물 쓰레기 처리 12,000원 등 일정 비용이 들더라도 가능한 최대한 위탁을 통해 관리하였고, 다가구 건물 상태 확인도 인터넷으로 연결된 CCTV를 통해서 핸드폰으로 실시

간 및 녹화 영상을 확인하였다. 세입자가 바뀔 때도 전속 부동산에 위임장을 써주고 관리비 정산, 상태 확인, 신규 세입자와의 계약을 일임하고, 도배가 필요하면 거래하는 도배업자가 도배하고(핸드폰으로 받은 도배 전후 사진과 중개사무소에서 직접 가서 점검하는 것으로 확인할 수 있다), 거래하는 청소업체에서 입주 청소를 하면 끝이다. 수리할 상황이 발생하면 중개사무소에서 해당 사진과 함께 먼저 연락이 온다. 이때 역시 거래하는 수리업자에게 요청하면 세입자와 조율해서 알아서 수리하고 사진을 찍어 보낸다. 우리는 수리비만 계좌로 송금해주면 되었다.

실제 다가구 주택을 소유했을 때 실제 내려가서 확인이 필요했던 적은 한 번밖에 없었다. 이때도 주차장에서 사고가 났다는 세입자가 CCTV 기록을 USB로 옮겨 달라고 하는 특수한 상황 때문이었다. 물론 꼭 내려갈 필요는 없어도 관리 차원에서 6개월에 1회 정도는 시간을 내어 내려가서 중개사무소도 방문하고 다가구 주택 상태도 육안으로 확인했다.

이런 관리 시스템을 유지하는 데는 좋은 업체들을 찾아서 이용하는 것도 중요하지만 주인이자 의뢰인인 우리들의 협조도 중요하다. 금전적으로 중개사무소에 혜택을 주는 것도 좋지만, 부동산 입장에서는 중개할 때 트러블이 없고 신속하게 결정해주는 임대인, 매매인을 좋아한다. 약간 손해 보는 부분이 있더라도 쿨하게 넘어가 주도록 한다. 매매 날짜 조정이라든지, 세입자가 잘 구해지지 않는 시기는 세입자 수수료까지 부담한다든지(지방은 영세한 사람들이 많아서 이렇게 하면 세입자가 훨씬 빨리 구해진다. 지방 월세 세입자 수수료를 부담해봐야 10만 원 안팎이다. 하루라도 빨리 세입자를 구하는 것이 금전적, 심리적으로 훨씬 도움이 된다), 수리할 일이 생겼을 때 약간 수리비가 비싼 것 같아도 수리만 확실히 된다고 하면 OK 하는 것들이 바로 협조다(수리비 따지러 다니는 기름값이 더 많이 든다). 물론 호구가 되라는 말이 아니다. 다만 어느 정도는 인정하고 가야 한다는 것이며, '어느 정도' 인정하기 위해서는 물론 본인이 공부해서 많이 알고 있어야 한다(나는 결국 더욱 많이 알기 위해 공인중개사를 취득했다).

수리 때문에 불편하게 한 세입자가 있으면 일정 부분 월세를 깎아주기도 했다. 의무가 있는 것은 아니지만 먼저 이렇게 해주면 세입자 입장에서도 기분이 좋고 나중에 집을 뺄 때나 다른 문제가 있을 때도 협조적으로 나온다. 꼭 이런 것을 바란 것이라기보다는 사람 사이의 정이 있어야 한다는 것이다. 물론 확실하게 맺고 끊는 게 필요할 때는 그렇게 해야 하지만 말이다.

부동산 임대 관리는 한두 세대는 괜찮지만 관리하는 세대가 10세대 이상 넘어가면 그 자체로 꽤 많은 일이 된다. 비용이 좀 들더라도 최대한 활용할 수 있는 업체들을 이용하여 관리 하는 것이 보다 많은 임대 관리가 가능하게 되어 결국 수익 증대에 도움이 된다. 이러한 비용들을 아까워하지 말자. 맞벌이 부부들도 회사라는 시스템에 속한 돈을 받고 일하는 시스템의 일부지 않은가. 우리 자신을 대하듯 충분한 서비스를 받을 수 있다면, 그에 상응하는 대가를 협력해 주는 업체들에 기쁜 마음으로 제공하자.

✖ 직장인 공인중개사 4개월 만에 취득하기

우리 부부는 그동안 많은 임장을 다니며, 많은 중개사무소에서 상담을 받았었다. 그런데 의외로 중개사들과 이야기를 나누어 보면 실제 부동산에서 중요한 부분들에 대해 잘 모르는 사람들이 많았다. 용도지구 등에 대해 잘 모르는 사람도 있었고, 그 주택이 몇 종 주거지역인지도, 현재 용적률 상한이 얼마인지도 잘 모르는 경우도 있었다. 세금과 관련해서도, 부부공동명의를 하면 나중에 매도할 때 양도소득세 누진세율에서 유리한 부분이 있는데도 그런 건 '전혀 없다.'고 안내를 받기도 했다. 물론 우리는 그런 부분에 대해 알고 있었으므로 부부공동명의로 매수했지만, 잘 모르는 사람들이었다면 중개사의 이야기만 듣고 조금은 아쉬운 선택을 할 수도 있는 부분이다.

우리도 그런 경험이 있다. 투자 초기에 아파트를 매수할 때, 아파트 도색 등 세대별로 공사비를 지불해야 하는 비용이 있었다. 원래 매도자가 비용을 지불하고 매매가에 포함해 매매가를 결정하기로 합의했었다. 이를 나중에 매도자 측에서 공사비를 우리가 부담하는 조건으로 그만큼 매매가를 낮추어서 계약하자고 제안했었는데, 우리 입장에서는 나중에 양도소득세가 올라갈 것을 우려하여 고민하고 있었다(공사비를 우리가 낸다는 것이지 실제 계약서 금액대로 매매가 이루어지는 것이라 다운 계약은 아니니 오해하지 말자). 이때 중개사무소에서는 우리에게 해당 공사비를 나중에 필요경비로 공제받을 수 있기 때문에 양도소득세에서 차이가 없다고 안내를 해 주었고 우리는 그 말을 믿고

여의도 맞벌이 부부가 잘사는 법

그대로 계약을 했었다. 그로부터 몇 년 뒤 해당 아파트를 매도할 때는 결국 해당 공사비는 양도소득세에서 공제받지 못하는 항목이라는 것을 알았고, 결국 그만큼 양소소득세 손해를 보게 되었다.

주택 투자는 그나마 전형적인 부분이 많아 상대적으로 확인 사항이 적다. 그런데 토지 투자를 하러 다니면서 느낀 점은 더 심했다. 토지 투자를 하기 전 나름 유명하다고 하는 토지 관련 재테크 서적을 섭렵해서 체계적이진 못해도 어느 정도 지식은 있는 상태였는데, 우리가 알고 있는 것들도 다르게 아는 중개사들이 많았다. 다르게 알고 있는 부분을 찾아보니 대부분 우리가 알고 있는 내용이 맞았다. 특히 세금 부분은 중개 그 자체와 관련이 적어서 그런지 거의 도움이 되지 않았다. 분명 공인중개사 시험 과목 중에는 부동산 세법이 포함되어 있음에도 말이다.

주택을 투자할 때 보다 더 면밀하게 검토를 해야 하는 것이 토지 시장인데 투자하면서 만나게 되는 유일한 부동산 전문가인 중개사를 믿지 못하게 되니 대책이 필요했다.

'그래. 제대로 투자를 하려면 남을 믿을 것이 아니라 우리 자신을 믿을 수 있어야 한다.'

이런 생각으로 우리는 스스로 공인중개사 자격증을 취득하기로 했다. 실제 개업이 목적이 아닌, 공부를 목적으로 말이다. 바로 민법에 대한 E-book을 한 권 샀다. 6월 28일. 의도한 건 아니었는데 우연히 시험까지 딱 4개월이 남아 있던 때였다.

시간이 없는 상태에서 여유롭게 학원에 다니거나 인터넷 강의를 들을 시간은 없었다. 또한, 공부는 역시 기본에 충실한 게 가장 좋다는 게 나의 지론이었다.

공인중개사 1차 시험 과목인 〈민법 및 민사특별법〉과 〈부동산학 개론〉 '기본서'와 공부한 내용을 평가해볼 모의고사 문제집을 샀다. 이때부터 퇴근 후와 주말은 아이들과 놀아주는 시간을 빼고는 거의 공부를 하며 보냈다.

물론 월급을 받는 직장인으로서 아무리 개인적으로 공부하더라도 업무는 소홀히 하지 않았다. 내가 회사 워크숍에서 들었던 자기계발 강연의 시간관리 부분에서 나왔던 이야기 중에서 우리는 한가할 때보다 바쁠 때 더 많은 일을 한다는 내용이 있었다. 시간이 많다고 더 많은 일을 하는 게 아니다. 오히려 더 게을러지기 쉽다. 회사 일이 바쁘다고 하여 자기 계발을 할 시간도 없는 것은 아니라는 이야기다. 나는 이 말에 전적으로 동감한다. 바쁘면 오히려 동기부여가 더 잘되어 더 많은 일을 하게 된다. 실제 그해에는 회사에서 요구한 자격증도 일과 별도로 취득을 했고 개인적으로는 공인중개사 공부를 하며 매우 바쁘게 지냈다. 회사에서의 성과도 오히려 다른 해보다 더 좋았다. 내가 속한 팀은 해당 부문에서 최우수 부서로 선정이 되었고, 나의 개인 평가도 최고 등급을 받았다.

_공인중개사, 직장 다니면서 4개월 만에 취득한 노하우

공인중개사 시험은 1차 시험 2과목, 2차 시험 3과목으로 각 차수 시험별로 평균 60점 이상 과락 40점 미만을 기준으로 한다. 즉, 평균 60점을 넘으면 합격이지만 60점이 넘었더라도 어느 한 과목이라도 40점에 미달하는 점수를 받으면 해당 차수 시험은 불합격이다. 1, 2차 시험은 같은 날 동시에 보게 되어 있으며, 1차 시험에 합격하고 2차 시험에 탈락한 경우에는 다음 연도 시험에 한해 1차 시험을 면제해 준다(1차 탈락하고 2차만 붙은 경우는 전체 불합격이다).

전체적인 공부 방법은 다음과 같았다. 먼저, 해당 과목의 기본서를 정독하면서 공부를 한다. 이때 전체 스케줄을 보면서 데드라인을 정해야 한다. 나의 경우 다음과 같이 데드라인을 정해 공부를 했다.

① 민사 및 민사특별법 : 2주
② 부동산학 개론 : 2주
③ 부동산공법 : 3주
④ 공인중개사법 : 2주
⑤ 부동산공시법 & 부동산세법 : 3주

기본서를 위 스케줄에 맞추어 하나하나 볼 때마다, 해당 부분의 모의고사 1회분을 풀어서 검증 작업을 했다. 모의고사가 60점을 넘으면 그다음 과목으로 넘어갔다.

4개월은 약 17주에 해당한다. 앞과 같은 방법으로 전체 과목을 보는 데 12주에 시간을 사용하고, 나머지 5주를 이용하여 과목별 핵심요약집과 출제 가능 문제집을 과목당 1주일의 시간 일정으로 풀었다. 시험이 객관식이기 때문에 문제 유형을 아는 것이 중요하므로 문제집을 푸는 것은 꼭 필요한 부분이다. 다만 문제집을 너무 일찍 풀면 시험이 임박하여 잊어버리는 부분도 많고 기본서에 충실할 시간이 부족할 수 있으므로, 문제집은 가장 마지막에 풀어 시험 때까지 그 감을 유지했다.

시험 바로 전날에는 회사에 휴가를 내고 마치 시험 보는 것과 같이 시험 시간에 맞추어 모의고사를 1회 풀고, 오답을 체크하고 그 이후 시간은 휴식을 통해 컨디션을 조절했다.

이렇게 공부한 결과, 직장을 다니면서 4개월 만에 1, 2차 시험 동차 합격이라는 결과를 얻을 수 있었다.

공인중개사 시험이 사법고시처럼 엄청난 시험은 아니지만, 사람에 따라 통상 1~3년간 공부하는 것이 일반적인 시험이다. 이를 직장과 육아를 병행하면서 4개월 만에 1, 2차 동시에 합격했던 나의 공부 방법이 여러분에게도 도움이 되었으면 해서 이 부분을 책에 포함했다.

이렇게 공부를 하고 나니, 스스로도 부동산 지식에 대해 한 단계, 아니 몇 단계 업그레이드된 기분이었다. 공인중개사 자격증 자체보다도 이렇게 지식이 늘어난 부분이 더욱 마음에 들고 투자를 하는 데 있어서도 도움이 많이 된다.

앞에서 투자 공부를 언어에 비유했었다. 그동안은 투자를 하는 데 떠듬떠듬 간신히 의사소통하는 수준이었다면, 이제 준 Native

Speaker가 된 기분이었다. 여러분도 공인중개사 개업과는 별개로 부동산 투자를 함에 있어서 꼭 한번 공부를 해 보길 권한다.

[사진 2] 4개월 동안 봤던
공인중개사 수험 서적

워라밸(Work&Life Balance)의 시대, '투라밸'을 생각하다

✖ 투자와 라이프의 균형으로 지치지 않는 행복한 부부

요즘 화두가 되는 단어 중의 하나가 '워라밸'이다. 'Work&Life Balance'의 줄임말로 일과 삶의 균형을 찾는다는 의미다. 우리 부부를 포함해 우리나라 사람은 정말 장시간 일을 하고 있다. 나만 해도 매일 최소 회사에 12시간은 있으니 출퇴근 시간을 고려하면, 하루 14시간 이상을 회사와 관련하여 보내고 있다. 이러한 부분은 예전부터 점점 변화의 조짐이 있긴 했다. 와이프의 회사는 몇 년 전부터 야근을 없앴다. 본사는 퇴근 시간이 되면 컴퓨터의 전원을 내려버린다고 한다. 야근하려면 결재를 미리 받아야 한다니 몇 년 전에도, 지금도 선진적인 제도라고 생각한다. 제조업체에서는 명절이나 주말에 가장 많이 일하는 사람 중 하나가 공장에서 시설투자 등의 공사를 하는 사람들이다. 내가 입사할 때만 해도 명절에는 당연히 큰 공사가 하나쯤 있었다. 그런데 요즘에는 명절에 정말 특수한 경우를 제외하고는 공사가 이루어지지 않는다. 원인은 간단하다. 젊은 사람들이 명절에 돈을 더 준다고 해도 나와서 일을 하려고 하지 않는다는 것이다. 사람을 구할 수 없으니 공사를 어떻게 하겠는가.

최근 이러한 워라밸의 움직임에 큰 변화를 보여주는 사건도 하나 있었다. 신세계 그룹에서 주당 35시간 근무제를 2018년부터 시행한다는 것이다. 우리나라 법정 근로시간은 40시간이고 최대 52시간까지 일할 수 있으며, 아직 법 개정이 되기 전이라 주말을 포함하면 68시간까지 일을 할 수 있다. 이마저도 현장에서 근무하는 근로자들에게나 해당하는 것이지 실제 사무실 사람들은 이른바 '포괄임금제'라는 이름 아래 통계조차 나오지 않는 잔업을 하고 있다. 그런데 주당 35시간 근무라니! 이 사건이 우리나라 근로 문화에 큰 변화의 시발점이 되었으면 하는 생각이다.

이렇게 워라밸이 화두인 시대에 우리 부부는 예전부터 '투라밸'을 중요하게 생각하였다. 투라밸은 '투자와 라이프의 밸런스'를 이야기하는 것이다. 콩글리시이긴 하지만 두 가지를 의미하는 '투'를 살리고 싶어서 지어봤다.

살다 보면 한 번쯤 아주 젊은 나이에, 혹은 우리 또래에, 그것도 아니면 우리 부모님 동창분이 유명을 달리하셨다는 이야기를 들어봤을 것이다. 인생은 정말 어떻게 될지 모르는 일이다. 평균 수명이 100세를 바라본다고 해서 우리가 그 평균까지 산다는 보장은 없다. 투자를 하겠다고 아등바등 살다가 어느 날 무슨 일이라도 생기면 얼마나 허망하겠는가.

앞의 이야기처럼은 아니더라도, 특별히 어떤 일이 발생하지 않아도 투자만 하고 아끼기만 하고 사는 것은 쉽게 지쳐버릴 수 있다. 경영학에서도 '지속가능한 경영'이라는 말이 있지 않은가. 지속가능한 경영이란 경제적 신뢰성, 환경적 건전성, 사회적 책임성을 바탕으로 지속가능발전을 추구하는 경영을 이야기한다. 단기간의 성과에 욕심을 내어 이러한 가치들을 등한시하는 기업은 결코 오래 갈수 없다. 투자도 우리 스스로에게 투자의 성과를 중간중간 누릴 수있는 부분을 마련하여 지치지 않게 해야 지속가능한 투자가 가능하다. 지속가능한 경영이란 고상한 단어 말고도, '당근과 채찍'이라는 말도 있지 않은가, 말이 성과를 내기 위해서는 채찍질만 해서는 안 되고 적당히 당근도 제공해 가면서 이끌어 가야 한다. 우리도 이렇게 스스로에게 채찍질만 할 것이 아니라 당근도 주어야 한다.

우리는 투자 초기부터 우리의 목표를 달성하면 서로에게 보상해 주기로 약속하였다. 매매를 하거나 월세를 새롭게 받게 되는 등의 경우에는 호텔 등에서 가족 식사를 즐겼고, 숙박하기도 했다. 일정한 투자 목표를 달성하면 나는 그토록 갖고 싶었던 명품시계를 사기로 했고, 와이프는 샤넬 백을 사기로 했었다. 이런 목표는 나에게 더욱 큰 동기 부여가 되어 더욱 열심히 부자되기를 실행했던 원동력 중 하나였다.

우리 부부는 아이들 책, DVD, 식료품을 살 때 외에는 돈을 거의 쓰지 않는다. 나는 심지어 결혼하고 근 2년 동안은 회사에 입고 가는 와이셔츠 말고는 옷이라고는 사 본일이 없을 정도였고, 구두도 앞이 벌어질 때까지 신었다. 이렇게 채찍질을 하면서 돈을 모으고

여의도 맞벌이 부부가 잘사는 법

재테크를 한 반면, 당근도 확실하게 챙겼다.

첫 번째 아파트를 매도하고 양도 차익 1,000만 원이 생겼을 때다 (1,000만 원이라는 돈은 아파트 양도 차익으로는 크지 않다고 생각할 수도 있지만, 3,950만 원 주고 산 아파트를 5,200만 원에 매도한 것이라 근 25%의 수익률이었다. 또한, 실제 투자 금은 100만 원 정도에 불과했으니 실제로는 1,000% 정도의 수익률이다). 첫 양도 차익 이 생기면 셀프 보상을 하기로 약속한 것이 있었기 때문에 나는 당 당하게 명품 시계를 사겠다고 와이프에게 이야기했다. 와이프는 그 당시 막 출산한 상태라 샤넬 백은 다음번 보상 시에 사기로 하고 내 것 먼저 사기로 했다. 그래도 막상 우리에게 큰돈을 쓴다고 하 니, 와이프는 마음이 흔들리는 듯했다. 물론 그 돈이면 우리 투자 에 더욱 보탬이 되는 것은 분명하다. 하지만 2보 전진을 위한 1보 후퇴는 매우 중요하다고 생각했다. 와이프에게 더 멀리 뛰기 위해 움츠리는 개구리처럼 한 번 쉬어가야 한다고 이야기하면서 실제로 개구리 흉내를 내었다. 내 모습에 와이프는 웃음이 터지면서 결국 허락을 했고, 나는 아들에게 물려주기로 약속을 하고는 롤렉스 시 계를 난생 처음으로 구매했다. 명품 시계를 정말 좋아하는 사람으 로서, 그동안 꿈에 그리던 롤렉스 시계를 손목에 올리니 정말 감회 가 새로웠다. 시간을 보기 위해서가 아니라 정말 시계를 보기 위해 수시로 손목을 들여다보고 나도 모르게 미소를 지었다. 이런 행복 한 기억은 나를 더욱 즐겁고 열심히 부자되기 위한 방법을 찾게 해 주었다.

와이프도 물론 내가 설득한 끝에 샤넬 백도 구매하고 시계도 샀다. 그 뒤 우리는 보상으로 쓴 돈 때문에 어려워진 것이 아니라, 더욱 좋은 재테크 성과로 더 큰 목표를 달성하였다.

우리가 스스로에게 준 보상 중 가장 큰 보상은 역시 여의도로 이사한 것이었다. 그동안 우리는 20평 아파트에서 시작하여 30평 아파트에 월세살이를 했었다. 이 월세살이를 청산하고 여의도로 이사했으니 얼마나 감회가 새롭겠는가. 그것도 예전에는 들어가서 살 수 있을 것이라고는 꿈에도 생각하지 못했던 곳으로 말이다.

신혼 때 있는 것, 없는 것 전부 모아 마련한 20평 아파트에서 오래 살지는 못했다. 둘째가 나오면서 4인 가족이 되기도 했지만, 무엇보다 책육아를 하면서 책을 사다 보니 더 이상 책을 둘 곳이 없었기 때문이었다. 벽마다 책장을 가득 채우고도 바닥에 쌓이는 책을 보니 더 이상 어떻게 할 수 없었다. 그래서 20평 아파트를 임대 주고 같은 아파트 단지 내 30평 아파트에 월세로 이사를 했다.

30평대 월세로 들어가면서 확보한 자금은 투자하는 데 사용하고, 집을 넓혀서 책을 놓을 공간을 확보했다. 한동안은 30평도 충분했고, 책장도 더 구매해서 온 벽면을 책으로 채우고 다양한 책을 아이들에게 읽어 주었다.

시간이 흘러 첫째의 유치원 고민이 시작되었다. 남들처럼 5살부터 유치원에 보내지는 않았지만, 6살이 되니 이제 한 곳에 정착해서 유치원을 보내고 초등학교까지 보내고자 하는 마음이 들었다. 명품 시계를 살 때는 내가 강력하게 주장을 했었는데 이때는 와이프가 보다 강하게 주장을 하였다. 이렇게 투자를 하는 것도 결국은 잘 살기 위한 것 아니냐며, 아이들 때문이라도 정착해서 살 곳을 마련해야 한다고. 이제는 책이 더 늘어서 30평대 아파트의 벽면을 책으로 가득 채우고도 꽂을 자리가 없어 다시금 바닥에 쌓는 상태기도 했고, 투자 방향에 대해 고민을 하던 때이기도 하여 이사를 결심했다.

오랜 고민 끝에 지역은 우리 부부가 출퇴근하기도 좋고, 저평가되어 있다고 생각한 여의도로 정했다. 지역을 여의도로 정한 이유는 물론 부평이 직장인 나와 5호선 라인에 직장이 있는 와이프가 출퇴근하기 좋은 위치였기도 했지만, 역시 거주도 재테크의 일환으로 생각한 부분도 있었다. 여의도는 평단가가 재건축 아파트를 제외하고는 2,000만 원 중반대에 머물러 있다. 재건축 단지도 대부분 3,000만 원대의 평단가를 보인다(서울아파트 같은 경우는 지분이 워낙 높아서 아파트 평단가가 더 비싸긴 하다). 신축이긴 하지만 반포의 대장주 '반포 아크로리버파크' 아파트의 경우, 현재 평단가 8,000만 원에 이른다. 이 단지 이외에도 대부분의 단지가 최소 4,000만 원 이상의 평단가를 보인다. 하물며 신길 뉴타운도 2,000만 원이 넘는다. 여의도는 재건축이 늦어지면서 전체적인 시세가 현재 저평가되어 있다고 생각한다. 여의도 재건축 단지는 압구정이나 대치동 은마 아파트 등과는 다르게 35층 제한에 걸리지 않는다. 서울아파트의 경우, 최고 77층으로 재건축이 추진되고 있을 정도로 향후 스카이라인이 크게 달라질 곳이다. 거기에 파크원은 전국 최대 규모의 현대백화점이 2020년에 입점을 할 계획이고, 황금라인인 9호선도 지나고 향후 신림선, 신안산선, 서부선 그리고 GTX도 새롭게 들어올 예정인 곳이다. 물론 GTX등은 외곽 지역이 더 수혜지역일 수 있지만, 여의도에서 송도나 남양주를 단시간에 갈 수 있다는 것도 메리트가 있는 부분이라 생각한다. 그래서 향후 여의도 역시 강남 못지않은 시세를 보여 줄 수 있을 것으로 기대하였다(물론 여전히 투자는 강남 쪽이 조금 더 좋다고 생각하지만, 삶과의 밸런스를 생각하여 여의도로 선택하였다).

향후 가치 상승은 적정 가격에 매수할 수만 있다면 재건축 아파트가 물론 더 높을 것으로 생각했다. 그래서 처음엔 재건축을 앞둔 아파트를 보러 다녔다.

역시 오래된 아파트라 시설 등이 많이 낙후되었다. 특히 주차 부분이 정말 어려움이 많았다. 재테크도 중요하지만, 우리가 실제 이사를 해서 산다고 했을 때 기분이 그리 좋지는 않을 것 같았다. 그러다가 비슷한 가격대의 주상복합 아파트를 보게 되었다.

예전부터 살고 싶었던 아파트였는데 안에 들어간 것은 처음이었다. 지은 지 10년이 넘은 아파트인데도 안·밖 모두 새것 같았다. 건축법이 변경되기 전에 지은 아파트라, 주상복합임에도 불구하고 분양면적 대비 실제 면적이 오히려 현재 아파트보다 더 크게 지어진 부분도 마음에 들었다. 초등학교와 중학교도 가깝고, 아파트 바로 앞으로 지하철 중 황금라인인 9호선 역이 있었다. 사실 요즘 주상복합 아파트가 일반 아파트에 비해 낮은 평가를 받는데, 맞벌이 부부들과 같이 시간이 부족한 사람에게는 좋은 선택이 될 수 있다고 생각한다. 물론 주변 환경이 첫 번째로 고려되어야 하겠지만, 지하

여의도 맞벌이 부부가 잘사는 법

철 초 역세권은 대부분 상업지라 일반 아파트가 지어지기는 힘들다. 상업지에 건축하는 주상복합 아파트가 그 자리를 차지하고 있다.

여의도 지역 재건축은 시간이 문제일 뿐이지 사업성이 있기 때문에 당연히 진행될 것으로 생각한다(지금도 활발하게 진행되는 단지도 많다). 투자의 목적이라면 이러한 재건축 대상 아파트들을 매수하는 것이 좋겠지만, 역시 현재의 삶 역시 포기할 수 없었다. 향후 재건축이 진행되어 여의도 전역이 재평가가 이루어지면 꼭 재건축 아파트만이 아니더라도 시세는 올라갈 것으로 판단되었기에 결국 주상복합 아파트를 매수하는 것으로 방향을 잡았다.

운 좋게 정말 좋은 층에 원하는 평수인 46평(해당 아파트에서는 가장 작은 평수) 아파트가 매물로 나온 것이 있어 매수하게 되었다. 그렇게 우리는 첫째, 황금라인 9호선 초 역세권(2020년 신림선 환승역이 되어 이중 역세권이 됨), 둘째, 초등학교, 중학교 근처, 셋째, 거실 양면이 트여 한강과 63빌딩이 조망되며, 마지막으로 아파트 내에 수영장, 사우나, 독서실 등 신축 아파트 부럽지 않은 커뮤니티 시설을 갖춘 아파트를 매수하게 되었다.

54평형과 가격 차이가 크지 않았는데도 불구하고 46평을 매수한 것은 54평은 거실에 창이 한쪽만 나 있어서 주상복합의 장점을 잘 살리기 어려웠고, 그만큼 발코니 숫자가 적어 실 평수는 크게 차이가 나지 않았으며, 전망이 46평이 훨씬 좋은 방향이었기 때문이었다. 실제로 매수 당시만 해도 54평이 46평보다 더 비쌌는데 우리가 매수하고 난 후로는 시세가 역전되어 현재 나와 있는 매물호가 기준으로는 46평이 오히려 54평보다 1억 원이 더 비싸다.

주상복합으로의 이사는 마치 앞에서 언급한 롤렉스 시계와 같았다. 우리 투자에 대한 보상이었고, 그 보상으로 인해 우리는 더욱 자극을 받아 투자 범위를 더욱 넓힐 수 있었다.

투라밸에 관한 이야기는 앞에서와같이 우리 삶에 적정한 보상을 주는 부분도 있지만, 사실 한 가지가 더 있다. 바로 마음이 편안한 투자다. 이른바 '가심비'가 높은 투자라고 할 수 있다.

[사진 3] 우리 부부의 집에서 바라본 일출

✖ 가심비 높은 투자를 생각하다

'가성비'가 가격 대비 실질적인 성능이라는 말이라면, '가심비'라는 것은 원래 소비하면서 가격 대비 심리적 만족감이 큰 것을 이야기한다. 예를 들어 국산 중형차를 탄다고 해서 수입차를 타는 사람보다 목적지에 늦게 도착하는 것이 아니다. 가성비만 따진다면 국산차만큼 가성비가 좋은 차가 있겠는가. 그럼에도 불구하고 소비자들이 수입차를 선택하는 데는 분명 이유가 있다. 수입차를 사게 하는 것이 바로 '심리적 만족감'이지 않을까 한다.

440만 원의 순수 월세를 달성하기 위해서, 위에 언급한 부동산 말고도 서울에 오피스텔도 분양받아 임대를 주는 등 정말 여러 가지 노력을 했다. 물론 월세 금액이 높아질수록 기쁨이 커졌지만 그만큼 신경 써야 할 것도 많아졌다. 앞에서 이야기했듯이 대부분을 위탁하여 진행했기 때문에 육체적으로나 직접 관리하는 데 따른 시간의 부족 등의 부담이 덜하긴 했지만, 보유하고 있는 월세 물건이 늘어남에 따라 공실 걱정, 월세 미납세대 관리, 보수 걱정 등 신경 써야 할 일들이 생각보다 많았다.

임대 주택이 100채가 있으면 정말 아무 걱정 없이 편하게 살 수 있을까? 결론부터 이야기하자면, 임대 주택 100채면 엄청나게 바쁘다. 임대 주택 100채를 가졌다는 행복한 상상을 해보자. 임대 주택을 1년 단위로 계약한다고 하면 1년에 계약 건수만 100건이다. 한 달에 8~9번은 계약해야 한다는 것이고, 이는 거의 3일에 한 번꼴로 계약을 해야 한다는 것이다. 계약이 꼭 마음대로 되는 것도 아니다. 골치 아픈 일도 많이 생기고 공실 스트레스도 있다. 임대 주택당 3년에 한 번 정도만 수리할 일이 생긴다고 가정해 보더라도 1년에 30번, 한 달에 2~3번은 수리 때문에 또 신경을 써야 한다. 세입자와 다툼이라도 생기는 날에는 더욱 스트레스를 받는다.

이런 임대 스트레스 문제도 있었지만, 경제 상황이 움직이는 것을 볼 때, 이제는 '살아야 하는 곳'에 대한 투자는 줄이고 '살고 싶은 곳'으로의 투자를 늘려야 할 때라고 생각했다. 이유는 앞에서 설명했던 기준금리의 상승에 따른 수익형 부동산의 부정적인 측면과 부동산의 양극화 심화가 예상되었기 때문이다.

시중에는 여전히 유동자금이 많다. 금리가 올랐다고는 하나, 여전히 낮은 금리가 유지되고 있으며, 부동산 말고는 딱히 마땅한 투자처가 없는 상태에서 이러한 유동 자금은 여전히 부동산 투자 자금으로 흘러들어올 가능성이 크다. 이런 상태에서 금리가 올라 투자에 대해 더욱 신중하게 되고, 부동산 규제 중 특히 다주택자에 대한 규제가 강해진다면 이 투자 자금은 어디로 움직이게 될까? 결국, 누구나 가치가 있다고 생각하는 시장으로 흘러 들어가게 된다. 그곳이 규제가 있는 곳이든 덜한 곳이든 말이다. 과거의 부동산 시장이 양적인 부족으로 인해 어느 곳이든 부동산이 있는 곳이 상승하던 시장이었다면 과도기를 거쳐 이제 보다 명확한 질적 시장이 되어 가는 것이다.

질적 시장에서는 주택에서 '살고 싶은 곳'이, 그리고 주택이 아닌 시장에서는 '토지'가 결국 가격 상승을 이끌 것이라 생각했다. 그리하여 우리는 투자의 패러다임을 '살아야 하는 곳'에서 '살고 싶은 곳'에 투자하는 방향으로 변경하였다.

이러한 맥락에서 월세 받는 부동산 중 가장 큰 비중을 차지했던 다가구 건물을 매도하였다. 물론 다가구는 그 자체가 땅을 포함한 부동산이기 때문에 가치 있는 부분이 있지만, 이미 건물이 지어져 있는 땅은 상대적으로 가치가 떨어지기 때문에 특정 지역들을 제외

여의도 맞벌이 부부가 잘사는 법

하고는 토지로서의 매력이 반감된다. 다가구를 가지고 있던 지역은 향후 토지 값이 크게 오를 수 있을 만한 매력을 찾지 못해 매도를 결심했다.

그렇다고 월세 받는 부동산을 전부 정리한 것은 아니다. 현금 흐름은 어떤 경우에도 중요하다고 생각한다. 부동산 포트폴리오의 메인을 월세 부동산에서 자본이득 목적 부동산으로 변경한 것뿐이고, 사실 이 자본이득을 기대하는 부동산 중 상당 부분은 여전히 '월세' 받는 부동산이다. 다만, 개수가 줄었으며, 그 월세가 예전보다 높지 않고, 해당 부동산을 유지하는 목적으로(즉, 해당 부동산의 대출 원리금을 갚는 목적으로) 사용된다는 부분이 다르다.

'살고 싶은 곳'은 그럼 어디가 가장 좋은 투자처일까. 이 부분을 읽는 독자 여러분의 마음속에 한 단어가 떠올랐을 것이다. 바로 '강남'이다. 물론 강남만이 답은 아니다. 투자하는 사람의 재무 상태라던가 기타 부동산의 호재 등에 따라서 달라질 수는 있다. 하지만, 학창시절에 시험을 볼 때마다 있었던, 자주 헷갈렸던 질문 중 하나인 '다음 보기 중 가장 알맞은 것을 고르시오.'라는 물음을 던진다면 십중팔구는 다른 지역이 아닌 강남을 선택할 것이다.

사실 서울의 웬만한 곳은 투자가치가 있다. 특히 3대 도심으로 불리는 '광화문', '여의도' 그리고 '강남'은 일단 일자리가 받쳐주기 때문에 질적 시장에서 앞으로 더욱 빛날 것으로 생각한다.

주택 중 '살고 싶은 곳'에 대한 투자는 위와 같은 시각으로 접근한다고 봤을 때, 그럼 '토지'는 어째서 가심비가 높은 투자처일까?

우리 부부가 지금까지 했던 어떠한 투자보다도 토지 투자는 투자 후 마음이 편했다. 수익형 부동산처럼 관리를 해주어야 하는 것도 아니고 건물 노후화에 따른 감가상각이나 수리비 걱정을 하지 않아도 되고, 주식처럼 시장에 촉각을 곤두세워야 하는 것도 아니며, 장기적 트렌드로 볼 때 상승하고 있는 만큼 가격하락에 대해 우려도 적다. 적금이 더 마음 편한 것 아니냐고? 나에게 있어서 적금은 안전할지는 몰라도, 10년이 지나도 크지 않은 수익성 때문에 수익형 부동산보다도 더 마음이 불편한 상품이다. 더구나 토지는 법의 테두리 안에서 내 마음대로 변형(개발)이 가능하다(필지 투자의 경우). 반면, 주택이나 수익형 부동산은 내가 할 수 있는 것이라고는 기껏해야 인테리어. 더 나아가, 펀드나 주식은 사고파는 것 말고 내가 할 수 있는 게 없다.

토지는 일반인들에게 막연한 두려움의 대상이다. 기획부동산? 사기당하면 어떡하지? 등 걱정이 많다. 용어도 생소한 것들이 많다. 물론 부동산을 많이 접해 보지 않은 사람이라면 집을 매매할 때도 생소하다 느끼겠지만, 토지는 그 정도 단계가 아니다. 용도지역이니 용도지구니 지목이 어떻고 하는 것들을 일반인들은 알려고 하지도 않는다. 최근 점점 토지에 대한 관심도가 올라가고 있지만, 아직은 레드오션이라 부를 수는 없는 단계라고 생각한다. 블루오션과 레드오션의 중간인 퍼플오션쯤 될까? 아무튼, 위와 같은 일반 사람들의 생각 때문에, 토지는 경쟁이 심하지 않은 아직 매력적인 투자처라고 생각한다.

토지의 최대 장점 중 하나는 토지에 대한 지식이 쌓일수록 마음이 편하다는 것이다. 토지는 일단 사 놓으면 특별한 경우를 제외하고는 가격이 꾸준히 올라간다. 토지는 감가상각이 없다. 건물은 짓는 그 순간부터 노후되기 시작하고, 영원한 건물은 없다. 그러나 토지는 언제나 그 자리에 그대로 있다. 시간이 지날수록 감가상각되기는커녕 사용 가능한 토지가 점점 줄어듦에 따라 가치가 더욱 올라간다. 그래서 마음이 편하다(물론 기획부동산 등 때문에 비싼 가격에 산 경우는 상당 기간 마음이 아플 수 있다). 토지는 부동산의 원재료다. 부동성과 부증성(不增性) 때문에 공급도 태생적으로 제한이 있다. 원재료를 가지고 삐까번쩍하게 만들어 놓은 '완제품'인 아파트 보다, 완제품에 꼭 필요한 원재료를 선점하는 것이 더 많이 돈을 벌 수 있는 기회가 있는 것이다.

　토지에 투자하는 것은 다이아몬드 원석을 사는 것과 같다. 원석은 그 안에 다이아몬드가 크고 등급이 높을수록 가치가 높다. 물론 같은 가격의 원석이라도 안에 들어있는 다이아몬드의 질과 가공에 따라 가격은 천차만별이 될 것이다. 여기서 중요한 것은 대부분의 원석은 가공하면 기본 원석보다는 가치가 올라간다는 것이다. 이처럼 땅은 가치가 계속 오른다. 땅마다 오르는 정도는 다르지만 말이다. 만약 원석에 들어있는 다이아몬드의 크기와 질을 미리 알 수 있는 능력을 키운다면 어떻게 될까. 더구나 토지는 다이아몬드 원석처럼 가려져 있지도 않다. 간단하게는 토지의 경계, 모양, 경사도 등부터, 중요하게는 국토종합계획, 광역도시계획, 도시기본계획,

도시관리계획 등 해당 토지의 '가격표'가 현재 기준으로 노출되어 있다고 해도 과언이 아니다. 물론 변수는 있을 수 있지만 이러한 부분을 잘 활용한다면 최소한 잃지 않는 투자는 할 수 있다. 마트에서 장을 볼 때도 가격을 비교하는데, 토지를 사면서 이러한 가격표를 확인하지 않는다는 것은 말이 안 되는 것이다.

토지 투자가 생소하고 어렵게 여겨지는가? 나는 유모차와 다를 것이 없다고 생각한다. 아내도 그렇고, 나도 그렇고 임신하기 전에는 유모차 종류도 잘 몰랐다. 유모차 브랜드들은 물론 디럭스며, 절충형이며, 휴대용 이런 구분조차도 하지 못했다. 지금은 너무나도 익숙하고 많이 들어본 '스토케(Stokke)'라는 브랜드도 그 당시 나에게는 '듣보잡'이었다. 이런 부분은 독자 여러분도 비슷할 것이라 생각한다. 그런데 임신하고 나서 유모차에 관심을 가지니 어떠한가? 형태에 따른 장단점뿐만 아니라 브랜드별 특징까지 줄줄이 알게 된다. 중고거래라도 하게 되면, 살 때, 팔 때 주의해야 하는 사항도 전부 찾아본다.

토지 투자도 이와 같다. 관심을 두고 알아가다 보면 생소했던 단어도 익숙해지고 용도지역별 특징이나 매매 시 유의 깊게 봐야 하는 것들도 알게 된다. 마치 유모차 관련 단어를 알게 되고 살 때 확인해야 하는 사항을 알고 챙기게 되는 것처럼 말이다.

유모차를 살 수 있다면? 토지도 살 수 있다!

어떤 생각이 드는가. '살고 싶은 곳'에 대한 투자도 좋고, 토지에 대한 투자도 좋다면 결국 가장 좋은 건 '강남 토지'라고 생각할 것이다. 강남 토지는 물론 살 수만 있다면 좋은 투자처가 될 수 있지만, 강남에는 빈 땅이 거의 없다. 또한, 현실적으로 일반적인 맞벌이 부부라면 매물이 있다고 해도 그 가격이 엄청나기 때문에 강남의 땅을 사는 것은 거의 불가능에 가깝다. 그럼 포기해야 할까? 앞에서도 이야기했듯이 생각을 하면 길이 보인다.

✖ 강남에 소액으로 토지 투자하기

토지 투자는 크게 토지의 등록 단위가 되는 필지 단위로 매수하는 방법(일반적)과 다른 사람과 필지를 공유하되 자유롭게 매매할 수 있는 지분을 매수하는 방법으로 나눌 수 있다. 필지 자체로 매수하면 해당 토지를 직접 개발하거나 건물을 지을 수도(물론 건축허가가 가능한 토지여야 한다) 있는 등의 분명한 장점이 있는 반면, 투자 자금이 많이 든다. 반면에 지분을 투자하면 투자 자금은 적게 들지만, 실질적으로 해당 토지를 혼자 사용할 수 없어 투자 목적 이외에는 이용하기 어렵다(물론 공유자의 동의를 받아 무언가를 할 수는 있지만, 현실적으로 쉽지는 않다). 그래서 우리는 다음과 같은 방법으로 투자를 진행하였다.

서울 토지는 비싸다. 필지 단위로는 평범한 맞벌이 부부가 매수할 수 있는 가격대의 토지가 거의 없다. 그래서 서울 토지에 지분 투자를 하기로 했다. 어떻게? 강남에 지분이 큰 빌라 투자로! 보통 '건부감가'라고 해서 건물이 있는 토지는 가치가 상대적으로 떨어진다. 토지는 건물 또는 기타 정착물이 없는 나지 상태일 때 가장 가격이 높게 평가된다. 하지만 해당 지역이 강남이라면? 강남도 나지가 더 높은 가격을 받는 것은 당연하다. 그러나 독자 여러분도 잘 알겠지만 어디 강남에 나지 찾기가 쉬운가? 주차장으로 이용되는 공간과 도로 이외에는 건물이 없는 땅을 찾는 것 자체가 어렵다. 그리고 대부분의 사람이 기회가 된다면 살고 싶은 곳이기 때문에 개발 압력이 대단히 높다. 그만큼 재개발과 재건축이 되기 쉬운 곳이다. 실제 강남의 빌라는 많이 재개발되어 이제 남은 곳이 많이 줄어든 상태다. 남은 곳들도 중심지역에 있는 곳이라면 시기가 문제일 뿐 언젠가 개발이 될 것이라 생각한다. 그러므로 그중에서도 저평가된 곳 중 빌라의 지분이 큰 곳을, 토지를 매수하는 마음으로 투자하는 것이다.

이 방법은 일반 토지 투자 대비 장단점이 분명 존재한다. 장점은 지분 투자지만 사용, 수익할 수 있다는 점이다. 즉, 빌라이기 때문에 월세를 주든, 내가 사용하든 할 수 있다는 뜻이다. 통상 취득세나 재산세율도 토지 대비 저렴하다. 국토의 대부분인 농지를 소유할 때 필요한 까다로운 절차나 문제가 없고(토지 투자로 문제가 된 연예인이나 정치인 등은 대부분 농지를 사서 계획서대로 농사를 짓지 않은 경우인 걸 생각해 보면 꽤 골치 아픈 일임을 알 수 있다), 비사업용 토지를 소유할 때 발생하는 추가적인 세금도 없다. 유동성도 토지 대비 월등히 좋다(파는 데 오래 걸리지 않는다). 또한, 토지 대비 대출을 받기도 쉽고 한도도 월등히 많다(LTV, DTI 조정으로 현재는 좀 어려운 부분이 되긴 했지만, 통상 토지는 대출 비율이 주택 대비 아주 낮다). 단점으로는 자칫 인기가 없고 개발될 유인이 없는 곳에 투자했다가는 자칫 진짜 토지보다도 오래 묶일 수도 있고, 가격도 내려갈 우려가 더 크다는 점이 있다.

2018년 4월부터 다주택자 양도소득세 중과세로 양도소득세가 올라갈 수 있는 부분도 분명 있다. 하지만 이러한 단점도 토지의 관점에서 바라본다면 어느 정도는 해결 가능하다. 개발될 유인이 없는 곳이라는 측면은 입지를 '강남'으로 선택을 하여 해결했다. 토지투자는 통상 월세 등의 현금 흐름이 생기지 않고, 주택 대비 투자 기간이 길다. 지분 투자하는 빌라를 토지로 바라본다면 주택의 임대소득이 주된 목적이 아닌 만큼 '준공공임대 등록'으로 양도소득세 문제를 오히려 더욱 긍정적으로 해결할 수 있다. 2020년까지 준공공임대로 등록하여 월세를 연간 5% 이내로만 올리고, 10년 이상 임대하면 양도소득세를 100% 감면해 준다. 월세 주는 것도 신경 쓰기 싫다고 하면 토지에서는 거의 어려운 주택이기 때문에 가능한, 전세를 끼고 10년을 묵히면 소득세도 거의 안 나오고(현재는 전혀 없고) 양도세도 감면받으면서, 단돈 몇천만 원 투자로 강남 지분을 보유하여 잘하면 아파트 분양까지도 바라볼 수 있는 방법이 있다. 지분을 보고 매수하는 빌라를 주택이 아닌 토지의 관점에서 바라본다면 이처럼 양도소득세에서도 오히려 중과가 아니라 감면을 받을 수 있는 부분도 있는 것이다(물론 여전히 건강보험료 문제 등이 남아 있지만, 직장인이라면 걱정할 필요가 없는 문제다).

우리는 이와 같은 기준과 방법으로 개발 압력이 올라갈 것으로 기대되고 현재 저평가라 판단되는 곳들의 임장을 다녔다. 빌라 시장은 토지만큼은 아니지만, 정보가 대부분 공개되어 있는 아파트와 다르게 보다 공개된 정보가 적었다. 아파트는 요즘 워낙에 인터넷이 발달하고, 부동산 중 가장 표준화가 잘 되어 있는 시장이라 중개사무소별로 보유하고 있는 물건의 차이도 크지 않다. 실거래가 확인 시세 변동 등 가격 추이도 확인하기 용이하고 KB시세가 대부분 제공되고 있어 대출 가능 금액을 가늠하는 것도 어렵지 않다. 반면에, 빌라는 표준화가 쉽지 않다 보니 표준적인 가격 파악도 상대적으로 어렵고, 중개사무소별로 보유하고 있는 물건의 차이도 꽤 크다. 내가 만났던 중개사무소 사장님의 매물 확보 아이디어가 정말 열정적이면서도 참 효과적이라고 생각하는데, 정확한 것은 그 사장님의 영업 비밀이니 여기서 이야기하지는 못한다. 아무튼 그 덕분에 급매와 지분이 높은 빌라를 좋은 가격에 매수할 수 있었다. 여기서도 역시 지방에서와 같이 중개사무소에 공을 들였고, 매수를 하나의 중개사무소에서 진행했다(한 채는 다른 중개사무소를 통해 매수했지만 해당 중개사무소의 소개로 만난 곳이었음). 우리는 경부고속도로 옆 반포동 빌라에 각각 지분 10평씩, 총 20평을 소유하고 있다. 우리가 매수한 지분 평당 가격이 3,300만 원대인 데 비해, 2017년 12월 현재 해당 지역의 현재 지분 평당 가격은 4,300만 원 이상으로 형성되어 있다. 경부고속도로 지하화는 추진되고 있는 다른 지하화와 다르게 사업성이 좋아서 세금 투입이 필요 없을 정도다. 〈서울 도시경쟁력 강화를 위한 공간 구조 개편 타당성 조사 연구〉 용역 결과에 따르면, 경부고속도로 지하화는 공사비 3조 3,000억 원이 필요한 대신에 재원조달 가능액이 5조 2,000억 원, 서울지역 생산유발 5조 4,000억원, 부가가치 유발 2조 원, 일자리 3만 9,000여 개가 창출되는, 확실한 경제성이 있는 프로젝트라고 할 수 있다. 여기에 '교통개선'이라는 정말 필요한 명분이 있기 때문에 시간이 걸리더라도 꼭 될 것으로 생각한다(2018년 선거철을 맞아 무언가 추진되지 않을까 조심스럽게 예측해 본다). 빌라 근처에 이미 전철역이 있지만, 신분당선 연장도 현재 공사 중이고 신분당선 출구가 현재 전철역 출구보다도 우리 소유 빌라에 훨씬 더 가까워 그것만으로도 가치 상승을 기대하고 있다(마치 토지 투자에서 고속도로 나들목이 생기듯이!).

[사진 4] 경부고속도로 양재~한남 나들목 지하화사업 조감도

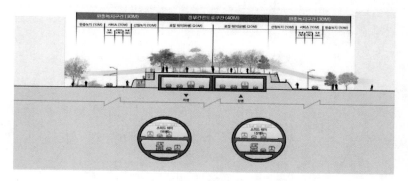

[사진 5] 경부고속도로 양재~한남 나들목 지하화사업 단면도

다만, 강남 지분 투자만이 답은 아니다. 지분 투자에 위와 같은 장점이 존재하는 반면에 필지 투자는 그 자체로도 장점이 분명 존재한다. 바로 토지 투자의 가장 기본적인 장점인 '원재료'로서의 투자라는 점이다. 강남 지분이 아무리 올라도 10배씩 오른다는 건 상상하기 힘들다. 반면 원재료 로써의 토지는 평당 10만 원짜리 토지가 개발 후에 평당 100만 원이 되는 경우는 어렵지 않게 찾을 수 있다(그 땅을 저와 독자 여러분이 안 사서 배가 아플 뿐^^;). 그리고 보다 전문적인 지식을 익힌다면 매입한 토지를 실제 개발해서 직접 가치를 올리는 것도 가능하다. 농지에 개발행위 허가를 받아 지목을 답(흔히 생각하는 논)이나 전(밭)에서 대(건물을 지을 수 있는 지목)로 형질 변경하여 가치를 올려서 매도하는 등의 방법이 가능하다는 이야기다(혹은 직접 건물을 지어 분양하거나!). 토지에 조금이라도 관심이 있어 알아본 사람이라면 생각보다 농지에서 대지로의 지목 변경이 가능한 토지가 많다는 것을 알 수 있을 것이다. 국토교통부장관인 김현미 장관의 남편이 가지고 있는 연천군의 토지도 일부 지목을 농지에서 대지로 변경했는데 이건 김현미 장관의 남편이라서가 아니라 도로(4m 이상)에 접해(2m 이상)있는 계획관리지역의 농지였기 때문이다.

우리 부부는 가평지역에 토지를 매입하여 소나무를 키우고 있다. 서울에서 접근성 좋은 설악 나들목 근처로 여의도에서 해당 토지까지 50분 정도면 도착할 수 있으며, 잠실에서 버스를 타면 30분만 도착하는 것도 가능하다. 양평 서종 나들목 대비 서울 접근성에서 별 차이가 안 나는데도 불구하고, 양평 대비 토지가격은 저평가되어 있다고 생각한다. 물론 나들목이 생기기 전 가격과는 비교 불가이나, 여전히 저렴하다고 생각한다. 앞으로는 2017년 12월 15일 개통된 가평대교로 인해 재평가될 것이다. 기존에는 남이섬, 자라섬이나 쁘띠프랑스 등 가평 지역 관광명소를 가려면 국도를 통해서 가야 했다. 그러나 이제는 가평대교 개통으로 설악 나들목을 통해 가평대교를 건너 바로 남이섬 등으로 갈 수 있게 되었다. 최근에는 가평군 설악면에 세계 최대 규모의 커피 로스팅 교육기관을 설립한다는 기사도 나왔다(2만 평 규모).

토지는 늘어나지 않고 움직이지도 못한다. 해당 지역에 수요가 늘어나면 토지 가격은 어떻게 될까? 마음 편하게 즐거운 상상을 해본다.

✖ 문재인 정부 시대 역발상 투자

문재인 정부는 부동산뿐만 아니라 전체적인 경제에 '규제'와 '증세'라는 두 단어를 남기는 정부가 될 것 같다. 주당 근로시간, 포괄임금제 적용 가능 대상 축소 등 근로조건 등에 관한 부분부터 시작하여 종교인 과세, 법인세 최고 세율 인상부터 소소하게는 궐련형 전자담배세 인상까지. 그중에서도 가장 두드러지는 것이 부동산 시장에 대한 규제 강화다. 이 책의 도입부에서 이야기했듯이 이미 8·2 대책 하나만으로도 노무현 정부의 4년 치 규제를 한 번에 돌려놓았다.

여기에 2017년 11월 말부터 12월 중순까지 보름에 걸쳐서 발표한 '주거복지 로드맵'에는 임대등록 활성화 방안과 더불어서 공급 증대

방안도 들어 있다. 물론 이러한 정책들이 부동산 시장을 안정화하기 위한 노력이라는 점에서 정부의 노력을 높이 사고 싶다.

역대 정부 들어서 가장 촘촘한 그물망을 준비한 느낌이 든다. 노무현 정부가 부동산에 움직임에 맞추어 부동산 정책을 발표했었다면, 문재인 정부는 이때의 경험을 살려서 사전에 대책을 발표하는 모습을 보여주는 것 같다.

그렇다면 부동산 투자의 탈출구가 정말 없는 것일까?

정부의 부동산 규제를 나는 손으로 물을 잡고 있는 것과 같다고 생각한다. 손을 오므려서 물을 뜨면 처음에는 손안에 물이 고여 있겠지만, 점점 빠져나간다. 틈이 없어 보이는데도 어느새 물은 줄고 있다. 규제를 아무리 하더라도 한계가 있고, 규제 자체의 부작용으로 문제가 발생하게 된다.

문재인 정부의 부동산 정책을 살펴보기로 하자.

첫째, 8·2부동산 대책은 요약하자면 다주택자에 대한 양도세 중과, 재건축 조합원 지위 양도 금지, 그리고 투기지역, 투기과열 지구, 조정대상 지역 지정 및 그에 따른 금융 규제로 이야기할 수 있다. 8·2 대책에 직접 포함된 것은 아니지만, 재건축 초과이익 환수제의 2018년 부활도 8·2 대책과 맞물려서 시장에 영향을 주었다. 여기에서 키워드는 '다주택자'와 '금융규제'다. 다주택자를 압박하면서 금융규제로 신규 주택구매를 어렵게 만든다면 다주택자들은 정책이 변경되기를 기다리며 버티거나, 상대적으로 인기가 떨어지는 지역의 주택을 정리하고 이른바 '똑똑한 한 채'를 남기고자 할 것이다.

여의도 맞벌이 부부가 잘사는 법

이런 똘똘한 한 채는 어느 지역이겠는가. 서울의 아파트를 최우선 적으로 남기고자 하고, 또 서울에 집이 없던 다주택자는 다른 집을 정리해서라도 서울의 집으로 갈아타려고 할 것이다. 결국, 8·2 대책은 시장 진정효과는 있었겠지만, 장기적으로는 시장의 가격 양극화를 더 심화시키는 역할을 하게 되었다고 판단한다. 8·2 대책이 발표되었을 때 우리 부부는 서울 주택 공급에 부족함이 없다는 정부의 시각에 매우 의아했다. 서울에 집을 구하려고 하는 사람들은 아마도 서울에 집이 부족하다는 것을 피부로 느낄 것이다. 애초에 서울에 집이 부족하지 않다면 가격이 이렇게 상승할 수도 없을 것이다. 그렇다면 서울의 주택 보급률은 얼마나 될까? 정부의 발표 수치는 공식적으로 96.0%다(2015년 기준). 100%는 안 되지만 예전에 비에 많이 상승한 수치로 언뜻 볼 수도 있다. 하지만 위 통계에는 외국인과 집단거주 가구가 빠져있다. 이를 포함했을 때의 주택 보급률은 고작 92.8%밖에는 되지 않는다. 더구나, 서울의 주택 중 상당수는 낡은 주택이다. 지은 지 20년 이상 된 주택이 전체 주택의 70% 이상을 차지하고 있는 상태다. 결국, 전체적인 보급률도 부족하고, 사람들이 선호하는 신축 주택의 수는 더욱 부족하다는 결론을 내릴 수 있다. 더군다나 서울의 주택 보급률은 '현재'의 서울 인구로만 볼 것이 아니다. 서울에서 살고 싶어 하는 '잠재적인' 수요까지 생각했을 때는 현재 주택의 공급은 매우 부족한 상태라고 할 수 있다.

서울에는 마곡지구를 끝으로 더 이상 대규모 택지를 개발할 땅도 없다. 이런 상황에서 재건축과 재개발을 억제하는 정책은 신규 주택 공급을 더욱 부족하게 해서 향후 오히려 공급 부족으로 인한 가격 폭등을 가져올 수도 있다.

표 6 서울 주택 보급률(단위 : 천)

구분	서울 가구 수	서울 주택 수	보급률	비고
공식통계	3,785	3,633	96.0%	
실제추정	3,915	3,633	92.8%	외국인, 집단가구 포함

둘째, '가계부채 종합대책'의 핵심인 신 DTI의 도입이다. 기존의 대출 이자만 DTI 산정 시 포함 시키던 것에서 대출 원리금을 기준으로 DTI를 계산한다는 것과 다주택자에 대해서는 대출 기간을 줄여서(실제 대출 기간이 줄어드는 것은 아님) 계산함으로써 DTI를 높여 다주택자의 대출을 사실상 금지하겠다는 내용이다. 기존 대출에는 적용되지 않기 때문에 현재의 주택 소유자는 굳이 집을 처분할 이유가 없고, 앞으로 집을 구매할 사람들은 여러 채를 구매하기 어렵기 때문에 '똘똘한 한 채'에 집중할 확률이 높다. 이 정책 역시 부동산 양극화를 심화시키는 정책이라고 할 수 있다.

셋째, 가장 최근에 나온 '주거복지 로드맵'이 있다. 이 정책의 핵심은 공공주택 200만 호 공급에 있다. 이 중 100만 호를 정부 주도로 공급하고 나머지 100만 호를 민간 다주택자를 임대사업자로 등록시켜 제도권 안으로 들이겠다는 내용이다. 이중 공공주택 공급 방안이 먼저 발표되었다.

공공주택은 5년간 100만 호를 공급하겠다는 내용으로 이 중 일부 주택은 택지를 개발하여 공급하겠다는 내용이다. 즉, 3년 전 중단했던 수도권 택지개발이 다시 시작된다는 의미다. 특히 이번에는 필요하다면 그린벨트(개발제한구역)를 풀어서라도 공급하겠다는 것이고 실제 신규로 9곳에 대해 5만 호 주택을 공급하겠다는 계획을 발표하였다.

표 7 주택 100만 호 공급계획(단위 : 만 호)

구분	'18	'19	'20	'21	'22	합계	연평균
합계	18.8	19.9	19.9	20.5	20.9	100.0	20.0
공공임대(준공)	13.0	13.0	13.0	13.0	13.0	65.0	13.0
공공지원(부지확보)	4.0	4.0	4.0	4.0	4.0	20.0	4.0
공공분양(분양)	1.8	2.9	2.9	3.5	3.9	15.0	3.0

표 8 신규 택지개발 9개소

지구명	면적 (천m)	총 주택 (천호)	신혼희망타운 (천호)
총 계	6,434	50.7	12.9
성남 금토	583	3.4	0.9
성남 복정	646	4.7	1.2
의왕 월암	524	4.0	1.0
구리 갈매역세권	799	7.2	1.8
남양주 진접2	1,292	12.6	3.1
부천 괴안	138	0.7	0.3

부천 원종	144	1.8	0.6
군포 대야미	678	5.4	1.3
경산 대임	1,630	10.9	2.7

신규로 지정된 곳과 기존에 지정되어 있던 곳을 함께 지도로 살펴보면 결국 실제 서울 중심에 해당하는 지역은 없다는 것을 한눈에 알 수 있다. 서울 양원의 385세대와 수서역세권 620가구만이 서울에 해당한다고 할 수 있다.

파주운정3(500)

의정부고산(900)

남양주진접2

고양장항(1,391)

고양지축(593)

구리갈매역세권(1,7

남양주진건(1,5

김포고촌(1,026)

서울양원(385)

부천원종(624)

하남감일(660

부천괴안(356)

수서역세권(620)

위례신도시(400

과천주암(1,842)

성남복정(1,173)

과천지식정보타운(664)

성남금토(854)

시흥장현(2,269)

의왕고천(887)

군포대야미(1,343)

의왕초평(562)

의왕월암(1,009)

수원당수(2,021)

용인언남(1,147)

화성봉담2(481)

화성동탄2(2,000)

범 례

신규지구   기존지구

고덕국제화계획지구(1,000)

[사진 6] 수도권 신혼희망타운 대상단지 현황도

그런데 이렇게 그린벨트를 풀어서까지 주택을 공급하는 게 과연 주거 안정을 위해 옳은 방향일까? 나는 매우 무리가 따르는 정책이라고 생각한다. 다른 것을 다 떠나서 그린벨트라는 것이 있는 이유는 그 부분이 수도권의 녹지로서 보호가 필요한 부분이기 때문이다. 그런 곳을 공급이 필요하다는 명목으로 해제하여 아파트를 짓는다는 것이 바람직하게 느껴지지 않는다. 또한, 주택이 부족한 것은 서울인데 수도권에 집을 더 짓는다고 해서 서울 집값이 내려가지는 않을 것이라 생각한다. 오히려 공급과잉 우려가 있는 수도권에 그린벨트를 풀어서까지 물량을 공급하게 되면 미분양으로 인한 문제가 심각하게 발생할 수 있다. 미분양이 되어 아파트 가격이 싸졌다고 사람들이 과연 집을 살까? 오히려 미분양 우려가 없는 안정적인 서울로 더 몰릴 것이라고 보는 것이 보다 합리적인 생각이 아닐까 한다. 수도권에 주택이 충분하다는 것은 정부에서도 밝힌 바가 있다. 아래 8·2 대책 발표 당시 정부 공식 보도자료 중 일부를 보자.

표 9 8·2 대책 공식 보도 자료 중 일부

> ### 2. 시장상황 평가
>
> □ 서울과 수도권의 최근 주택 공급량은 예년을 상회하는 수준으로 공급여건은 안정적인 편
> - 수도권 입주물량(만호) : (10년평균) 19.5, (5년평균) 20.5, ('17) 28.6e, ('18) 31.6e
> - 서울 입주물량(만호) : (10년평균) 6.2, (5년평균) 7.2, ('17) 7.5e, ('18) 7.4e

8·2 대책에서는 서울과 수도권의 공급을 안정적이라고 평가하고 있다. 그런데 그로부터 불과 4개월 만에 발표된 '주거복지 로드맵'에 와서는 이 말이 다음과 같이, 수요가 많은 수도권에 공급이 필요한 것으로 바뀌었다.

표 10 주거복지 로드맵 보도 자료 중 일부

☐ (공급물량) '18~'22년 5년간 총 7만호(연평균 1.4만호) 공급(사업승인)
※ 신혼부부 수요, 공공주택 수급 여건 등을 고려하여 필요시 물량 확대 검토
○ 서울 인근 등 수요가 많은 수도권에 70% 수준 공급

신혼희망타운 공급계획(사업승인)

구 분	18	19	20	21	22	합계	평균
공급물량(만호)	1.0	1.0	1.5	1.5	2.0	7.0	1.4

그런데 내용상으로는 서울과 수도권으로 묶어 놓았긴 하지만 실질적으로 공급은 거의 경기/인천권에서 이루어진다. 수도권에 주택이 늘어나면 서울의 수요가 분산되어 집값 상승이 억제될까? 수도권 주택이 늘어나면 결국 우리나라의 수도권 집중화 현상이 더욱 심화된다. 그렇게 되면 그 수도권의 핵심인 서울의 가격은 오르면 올랐지 떨어지진 않는다. 심지어 서울에서 상대적으로 소외받던 지역까지 재조명받게 될 것이다. 서울의 끝자락이라 소외되던 곳이, 경기도권이 개발되면 서울의 중심과 경기도를 잇는 중간적인 위치로 평가받게 된다. 결국, 더욱 가치가 올라게 되는 것이다. 이런 지역의 대표적 예로는 지하철이 연장되는 호선의 기존 마지막역 등이

해당된다(4호선 당고개역, 3호선 대화역 등).

경기권은 현재도 미분양 물량이 적지 않은 곳이다. 2017년 10월 통계 자료를 보면 전국 미분양 5만 6,000세대 중 수도권에 약 1만 세대가 미분양인 상태다. 이 중 서울의 미분양은 단 56세대로 거의 없다고 할 수 있다. 결국, 수도권의 미분양이 1만 세대에 달할 정도로 많은 상태에서 다시 그린벨트를 풀어서 주택을 더 짓는다면 미분양이 심화될 수밖에 없다.

이러한 미분양을 해결하려면 교통을 획기적으로 개선하여 서울로의 접근성을 좋게 해 주거나, 해당 지역에 일자리를 만들어 주어야 할 것이다. 그래야 수요가 생길 것이니 말이다. 그런데 이렇게 교통망을 확충하고, 일자리를 만들면서까지 수도권에 아파트를 공급하면 결국 수도권 인구의 지방 분산은 기대하기 어렵고, 지방 인구의 수도권 집중만 더욱 심화시키는 결과를 초래하지 않을까 생각된다.

[사진 7] 전국 미분양 주택 현황(17년 10월)

임대 주택 등록을 통해 공공적 임대 주택 100만 호를 확충하겠다는 목표도 잘 살펴보아야 한다(임대 주택 등록 목표는 200만 호이나 순수 증가는 100만 호 목표). 이에 대해 '확충'이라는 표현을 써서 마치 실제 공급이 이루어지는 것처럼 이야기하고 있지만, 실제는 임대 주택을 짓는 것이 아니라 제도권 밖에 머물러 있는 민간임대를 등록시키겠다는 의미다. 등록되어있지 않다는 것뿐이지 이미 전국에는 580만 사적 임대 주택이 있다. 그중 일부에 대한 등록 전환이 되고 되지 않는다고 해서 주택 공급 자체에 문제는 없다고 생각한다. 임대 주택 관련 대책의 슬로건이 '집주인과 세입자가 상생하는 임대 주택 등록 활성화'이지만 실질적으로 임대인의 대부분의 혜택이 8년은 임대를 해야 한다는 점과 임대료 연간 상승률을 5%로 제한한다는 점 그리고 임차인이 의무임대 기간 동안 거주할 수 있다는 점을 들면 임대인보다는 임차인에 포커스가 맞추어져 있다고 할 수 있다. 임대료를 1년에 5% 올릴 수 있다고는 하나, 실질적으로 계약을 2년 단위로 하므로 2년에 5% 인상이 가능하다고 봐야 한다(이론적으로는 계약 중간에도 임대료를 올릴 수는 있지만, 현실적으로 쉽지 않다). 결국, 이러한 측면에서 봤을 때 임대 주택 등록 활성화 방안은 또 하나의 규제책으로 보는 것이 맞는다고 생각한다.

이런 시장의 규제들은 결국 '공급'을 줄이는 효과가 있다. 특히 고려해야 하는 부분은 이러한 규제책이 나온 시점이 하필이면 기준금리가 인상되는 시점이라는 점이다. 앞에서 기준금리 변화에 따라 수익형 부동산에 어떠한 영향을 주는지는 이야기한 바 있다. 물론 입지별 내재가치별로 수익형 부동산이라고 해도 다르게 움직이겠지만, 금리 인상이 전체적인 수익형 부동산에 부정적인 영향을 주는 것은 예상할 수 있다.

이러한 임대시장에 대한 규제와 기준금리 상승이 만나 민간 임대주택의 신규 공급은 상당 기간 매우 제한적일 것이라 판단된다. 이미 분양되어 착공된 주택들이 지어지는 동안은 어느 정도 유지되겠지만, 내년부터 실제 주택 공급의 선행지표인 분양 등의 공급이 줄어들 것을 고려하면 임대 주택의 실제적인 감소는 2020년경부터 시작될 것이며, 감소 정도 역시 매우 가파를 것으로 판단된다.

부동산 규제와 기준금리 인상의 상황에서는 부동산의 양극화가 더욱 심화될 것이며 가격이 올라갈 부동산에 집중하면서 정부 정책을 피하지 말고 이용하는 것이 이 시대에 맞는 투자 방향이다.

호재가 있고 사람들이 '살고 싶은 곳'의 부동산이 결국 이러한 양극화 시대를 이겨내는 투자 포인트가 될 것이다. 이러한 곳은 어디에 있을까? 부동산에 투자해야 하는 곳은 정부가 알려 주었다. 바로 1순위 투기지역, 2순위 투기과열 지구, 3순위 조정 대상 지역이다.

꼭 규제가 심한 곳에 투자하라는 이야기는 아니다. 다만, 이렇게 규제를 더 심하게 하는 곳의 대부분이 사람이 살고 싶어 하는 곳이라는 이야기다. 중요한 것은 이른바 '풍선효과'라는 말에 이끌려 내재가치가 부족한 곳에 투자할 것이 아니라, 내재가치가 있는 곳이라면 그곳이 규제 지역이든 아니든 무게를 두지 말라는 이야기다. '풍선효과'라는 말에 휘둘리지 말아야 한다. 2002년 최초로 투기지역으로 지정되어 2008년 제일 마지막으로 투기지역에서 해제되었던 지역이 바로 강남지역이다. 강남이 그 이후에 어떻게 되었는지는 독자 여러분이 더 잘 알고 있을 것으로 생각한다.

규제로 인한 변화도 적절히 이용해야 한다. 앞에서 지속해서 이야기했지만, 규제로 인해 사람들이 결국 '살고 싶은 곳'에는 물량 공급이 부족해질 가능성이 크다. 그린벨트를 풀어서 아파트를 짓는다고 해도 한두 곳을 빼놓고는 사람들이 살고 싶은 곳 주변이라기보다 여건상 살 수밖에 없는 곳이 될 확률이 높다. 결국, 살고 싶은 곳에 대한 수요는 더욱 커질 것이다. 부산이나 울산에 사는 사람 중 서울에서 살고 싶어 하는 사람은 그리 많지 않을 것이다. 왜냐하면, 그 지역에서 산다는 것은 직장도 그 지역에 있고, 생활 터전도 해당 지역에 있을 가능성이 크기 때문이다. 물론 막연하게 수도인 서울에 살고 싶다는 생각은 할 수 있겠지만 말이다. 하지만 수도권에 사는 사람들의 경우, 직장이 서울인 경우도 많고, 문화생활 등을 위해 서울을 방문할 기회도 많을 것이다. 이런 사람에게 서울은 부산이나 울산 사는 사람들과 같이 먼 이야기가 아니다. 바로 눈앞에 있는 손을 뻗으면 닿을 것 같은 곳이다. 그런 수도권 인구가 많아진다는 것은 결국 서울에 살고 싶어 하는 대기 수요도 많아진다는 것이다.

이러한 규제가 있어서 상대적으로 가격이 억제되고 있는 시점에 앞에서 이야기한바와 같이 주택이 아닌 토지의 측면에서 접근해서 투자한다면 괜찮은 투자가 될 수 있다. 정부가 원하는 대로 임대용 주택을 구입해서 8년 동안 임대를 주면서 보유하는 것도 한 방법이다. 현금 흐름은 발생하지 않지만, 가격이 꾸준히 오르는 토지처럼 개발 압력이 높고 지분이 많은 임대 주택을 구매하여 임대료는 세금과 은행 이자 등을 충당한다는 개념으로 접근하는 것이다. 다만, 8년 후에도 가치가 떨어지지 않고 올라갈 수 있는 지역을 선택해야 하는 것이 가장 중요하다. 물론 이러한 지역은 '살고 싶은 곳'에 해당하는 지역일 것이고, 그런 지역은 대부분 현재 규제로 묶여있는 지역일 것이다. 〈표 11〉 중 서울과 인천 그리고 경기도의 '발전 비전 및 공약' 부분을 보면서 언급되는 지역의 발전 상황을 유심히 지켜볼 필요가 있다.

여의도 맞벌이 부부가 잘사는 법

표 11 문재인 정부 국정 운영 5개년 계획

지역	발전 비전 및 공약
서울	"서울을 안전하고 쾌적한 역사문화수도로 만들겠습니다." ● 시민과 함께하는 광화문 대통령 시대 출발 ● 용산공원 확장으로 서울의 녹지축 복원 ● 지하철 급행화로 출퇴근 시간을 획기적으로 단축 ● 권역별 특화형 도심 산업의 활성화로 양질의 일자리 창출 - 창동(K-POP 아레나 건설)·상계동을 동북아 신문화중심지로 조성 - 코엑스·잠실 일대를 국제교류복합단지로 조성 - 마곡지구를 첨단 ICT 융복합 산업단지로 조성 - 상암 DMC 중심으로 디지털미디어 클러스터 조성
인천	"인천을 환황해권 경제교통의 중심도시로 육성하겠습니다." ● 수도권-개성공단-해주를 잇는 '서해평화협력특별지대' 조성 ● 해경 부활과 인천 환원 ● 남동·부평·주안 등 노후 국가산업단지 구조 고도화 ● 계양 테크노밸리 등 도심형 최첨단산업단지 조성 ● 인천 송도를 녹색환경금융도시로 조성 ● 미군부대 부지 조기 반환과 원도심의 도심재생뉴딜사업 추진 ● 제3연륙교 건설로 수도권 광역교통체계 구축 ● 인천도시철도 2호선 광명 연장, 서울 7호선 청라 연장
경기	"경기도를 글로벌 경쟁력을 갖춘 세계적인 메가시티로 만들겠습니다." ● 북부 접경지역 규제완화와 미군공여지 국가주도 개발 ● 파주와 개성·해주 연계 '통일경제특구' 조성 ● 남부를 4차 산업혁명 선도 혁신클러스터로 조성 ● 청정 상수원(취수원) 다변화로 깨끗한 수돗물 공급 ● 안산시 공동체 회복사업과 사이언스밸리 적극 지원 ● 서안양 50탄약대 부지에 '친환경 융합 테크노밸리' 조성 ● 분당선 노선 연장(기흥-동탄2-오산)으로 출퇴근 시간 획기적 단축 ● 기흥호수 등 도심 속 수변 공간을 시민공원으로 조성

이외에 정말 말 그대로 '토지'를 사는 것도 좋은 방법이라 생각한다. 최근 사람들의 토지 투자에 대한 관심이 높아져서 첫 부동산 투자를 토지로 하는 사람들도 늘어나고 있을 정도다. 토지 투자에 대한 관심은 다음의 그래프에서 보듯이 거래량 증가로 알 수 있다. 매년 이렇게 큰 폭으로 토지 투자가 늘어나고 있다는 이야기는 그만큼 관심이 커졌다는 이야기이고, 이러한 관심은 결국 가격 상승으로 이어진다. 주택에 대한 부동산 규제 역시 투자 자금이 토지로 흘러 들어가는 것을 더욱 가속화시키고 있다. 규제를 피해 '풍선효과'를 제대로 누리려면 규제 이외의 지역에 '주택'을 사는 것이 아니라 아예 '토지'를 사는 것이 더 맞는 방법이라고 생각한다.

표 12 토지 거래량 변화 추이(출처: 통계청)

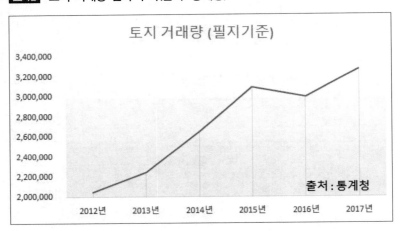

_정부 정책을 통해 본 유망 투자처

● 호이트의 선형이론

1939년 호이트(H. Hoyt)의 이론으로, 도시는 동심원 형태로 확대된 다는 '동심원 이론'을 수정 보완하여 토지이용은 도심에서 시작되어 점차 교통망을 따라 동질적으로 확장되므로 원을 변형한 부채꼴 모양의 토지이용 분화가 이루어지며, 주택 지불능력이 있는 고소득층은 기존의 도심지역과 주요 교통 노선을 축으로 하여 접근성이 양호한 지역에 입지하는 경향이 있다는 내용이다.

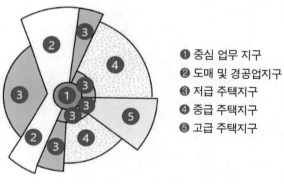

● 중심 업무 지구
② 도매 및 경공업지구
③ 저급 주택지구
④ 중급 주택지구
⑤ 고급 주택지구

[사진 8] 호이트의 선형이론 모식도 1

지금으로부터 약 80년 전에 나온 이 이론이 현재 우리나라 부동산, 특히 서울 부동산과 매우 흡사하다는 생각이 들지 않는가? 부동산 가격이 교통 노선, 특히 전철 라인에 따라서 움직이는 부분이 말이다. 특히 위 모식도를 회전시켜 보면 면적의 차이가 있긴 하지만 지금의 서울과 놀랍도록 닮아 있다.

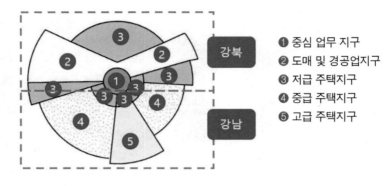

중심 업무 지구
도매 및 경공업지구
저급 주택지구
중급 주택지구
고급 주택지구

강북

강남

[사진 9] 호이트의 선형이론 모식도 2

    물론 지금의 강남은 단순히 교통망의 발달로 이루어진 곳은 아니다. 일자리, 교육, 교통이 모두 갖추어져 지금의 위상을 갖게 된 것이다. 교통망을 이해할 때는 강남과 서울의 교통망의 편의성을 보는 것이 아닌, 서울과 강남으로의 교통 편의성을 봐야 한다. GTX니 7호선 연장이니 하는 이야기를 많이 접해 봤을 것이다. 이 이야기의 본질은 결국 서울에 혹은 강남에 얼마나 빨리 접근할 수 있게 되느냐에 있다. 거듭 이야기하지만 이러한 광역 교통망의 발달은 사람들의 서울 선호도를 떨어뜨리는 것이 아닌, 결국 선호도를 더욱 올리는 방향이 될 것이라는 점을 명심해야 한다.

    그러면 이러한 개발 호재들과 교통망의 발전에 따른 투자 타이밍은 언제가 좋을지 생각해 보자.

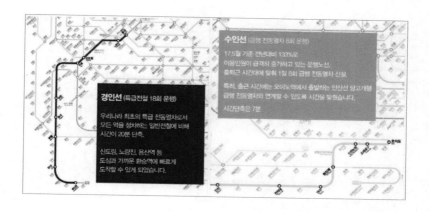

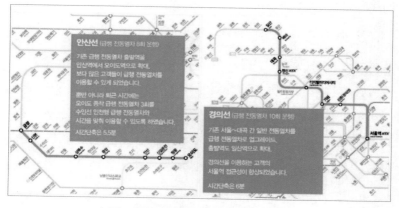

[사진 10] 광역 급행 전동열차(출처 : 국토교통부)

_정책 시행 시점을 통해 본 투자 타이밍

정책 시행 시점을 통해 본 투자 타이밍은 수익형 부동산의 투자 타이밍과 교통 개선 등 호재에 따른 투자 타이밍으로 나누어서 살펴보고자 한다.

먼저 수익형 부동산의 투자 타이밍은 어떻게 잡는 것이 좋을까. 앞에서 이야기했던 부분을 종합해 보면 다음과 같다.

첫째_ 기준금리의 인상은 수익형 부동산의 월세 수익을 줄이는 문제보다 해당 부동산의 가격 자체를 하락시킬 수 있다는 점에서 투자에 유의해야 한다.

둘째_ 수익형 부동산에 대한 정부의 규제가 심해지고 있어 향후 공급이 줄어들 가능성이 크다.

이 둘을 조합해 보면, 결국 금리 인상이 마무리되고 금리가 다시 하강 국면에 들어가기 전이고, 공급이 줄어들어 수요 대비 물량이 부족해지기 직전 타이밍이 가장 좋은 투자 타이밍이 될 것이라고 예상할 수 있다.

기준금리가 하락 기조로 돌아서면 그만큼 적금 금리는 빠르게 떨어질 것이고, 상대적으로 수익형 부동산의 수익률은 변동이 없는 상태에서도 매우 매력적으로 변할 것이다. 이는 결국 부동산 자체의 가격 상승을 이끌어 올 수 있기 때문에 유심히 봐야 한다. 그렇다면, 기준금리가 언제쯤 상승을 멈추고 하락 국면이 올 수 있을까? 이 부분은 전문가들도 정확히 예측하기 어렵지만, 내 나름의 기준을 독자 여러분에게 이야기 해 드리고 싶다. 워낙 대외 변수 등 변수가 많기 때문에 앞으로의 내용은 그때 그때 변수에 잘 대응할 수 있는 인사이트를 가지는 데 도움이 되었으면 한다.

첫 번째로 우리나라 금리에 영향을 많이 미치는 미국의 기준금리 예상을 해보고자 한다. 2015년 12월 16일에 기준금리의 인상을 시작하여 현재까지 4차례 인상을 했다. 미국의 기준금리는 역대로 3~5년의 주기를 가지고 움직여 왔다는 점을 고려해 보았을 때, 기

여의도 맞벌이 부부가 잘사는 법

준금리가 정점을 찍고 다시 내려오는 시기는 2020년경이 되지 않을까 조심스럽게 생각하고 있다.

두 번째로 우리나라의 기준금리를 예상해 보자. 올해 우리나라의 경제성장률은 정말 오랜만에 3%를 넘겼다. 사드의 여파로 대중국 수출이 급감한 상황에서 이루어 낸 성과라고 할 수 있다. 정부의 추경도 물론 일부의 도움이 되었다고 생각한다.

하지만 경제성장률을 견인하는 가장 중요한 두 축은 수출에서의 반도체와 내수에서의 건설 경기라고 생각한다. 반도체는 사상 최고 수준의 호황을 기록하며 전체 수출에서 3분기 누적 16.1%를 차지할 정도였다. 이러한 반도체 수출은 전 세계적인 반도체 수급 불균형으로 나타난 호황으로, 4차 산업으로 인해 반도체 수요가 늘긴 했지만 중국 등이 공격적으로 반도체 투자를 하고 있기 때문에 이 정도의 호황은 그리 길지 않을 것으로 보는 것이 대다수의 시각이다.

건설은 매우 다양한 여러 가지 분야에서 경기를 이끈다. 건설을 직접 하는 사람들로 인한 인력 시장, 인테리어 자재부터 레미콘 차량 등 산업 전반에 영향을 미친다. 우리나라 분기별 주택 착공 건수를 보면 15년 2분기부터 착공 건수가 늘어나 16년 3분기를 정점으로 줄어들고 있다. 통상 아파트를 건설하는 데 2년 정도의 시간이 걸린다는 것을 고려하면 15년에 착공한 아파트들의 건축과 16년 3분기에 착공한 아파트의 건축이 겹쳐진 2017년은 건설 경기가 매우 호황이었다는 것을 미루어 알 수 있다. 그런데 부동산 관련 각종 규제책으로 인해 공공부문이나 서울 등 수도권 인기 지역을 제외하고는 앞으로 신규 착공이 급감할 것으로 판단되는바, 16년 3분기에 최대를 기록했던 착공이 마무리되는 18년 3분기 이후로는 건설 경기가 급랭할 가능성이 크다.

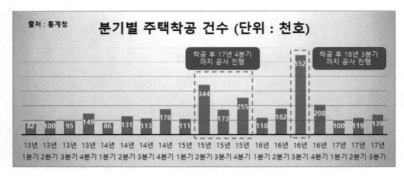

[사진 11] 분기별 주택착공 건수(출처 : 통계청)

최저시급이 빠른 속도로 오르고 있다. 2018년도 최저 시급은 무려 16.4%를 인상한 7,530원으로 결정되었다. 우리 부부도 노동자의 한사람으로서 임금이 오르는 것에 대해서는 적극적으로 찬성하는 입장이다. 다만 걱정되는 부분이 있다.

기업에 다니면서 원가절감 업무를 해본 사람이라면 알겠지만, 무언가 대체를 하여 원가를 절감하기 위해서는 그만큼 원가 차이가 있어야 한다. 인원 1명을 대체 할 수 있는 자동화 설비가 2억 4,000만 원이라고 가정해 보자. 기업마다 다르지만 통상 기계장치 감가상각을 8년 정액으로 하는 경우가 많으니 2억 4,000만 원짜리 기계면 1년에 감가상각비가 3,000만 원 발생한다. 그리고 해당 업무를 하는 인원 1명을 1년간 사용하는 데 드는 인건비 역시 3,000만 원

여의도 맞벌이 부부가 잘사는 법

이라고 가정하자. 자동화 기계를 사용하는 금액과 사람을 사용하는 금액이 동일한 정도에서는 자동화 기계로의 대체가 빠르게 일어나지 않는다. 그런데 임금이 15% 올라서 인원 1명당 인건비가 3,450만 원이 되면, 자동화 기계 연간 비용이 3,000만 원 그대로라고 해도 450만 원의 원가절감 가능 금액이 발생하게 된다. 그렇다면 기업은 과연 어떠한 선택을 하게 될까? 더군다나 이러한 자동화 기계의 수요 증가와 기술 발전은 해당 기계의 가격 역시 낮추게 될 것이다. 그렇게 된다면 인건비와 기계 대체의 원가 차이는 더욱 크게 벌어져 결국 일자리가 오히려 줄어드는 경우가 생길 수 있다. 물론 어떤 업종이든지 간에 100% 기계설비 대체는 불가능하다. 어느 정도 실제로 일하는 사람은 필요하다. 이러한 사람들은 결국 관리의 업무는 주로 맡게 되는 상대적인 고임금의 인원들일 것이고 그 수는 예전보다 소수가 될 것이다. 결국, 노동 시장의 양극화가 더욱 심화될 수 있다는 이야기다. 요즘 이슈가 되고 있는 패스트푸드점의 무인 주문기라던지, 무인 편의점 등이 이러한 맥락이라고 이해할 수 있다.

결론적으로 이러한 경기 국면에서는 2020~2022년경에는 다시금 금리 하락과 수익형 부동산의 공급 부족이 발생할 것으로 예상되는바, 이 시기가 수익형 부동산의 투자 적기가 아닐까 예상하고 있다. 물론 지금 수익형 부동산을 보유하고 있다면 굳이 빠르게 팔 필요는 없다. 다만, 신규 구매는 입지 조건과 수익률을 잘 따져보고 결정해야 하지 않을까 생각한다.

교통의 개선으로 인한 투자 타이밍은 현재 계획되고 있는 호재들을 정리해 볼 필요가 있다. 이를 시점별로 정리하면 다음과 같다(경전철은 시점이 대부분 확정되지 않아 별도 정리).

표 13 연도별 수도권 호재

시점	구분	내용
2018년	5호선	상일동역~하남시 덕풍역
	9호선	종합운동장역~강동구 보훈병원역
2019년	4호선	당고개역~진접역
	7호선	석남역 연장 개통
	현대아웃렛	남양주 다산신도시
	서리풀터널	서초구 방배동~서초동(테헤란로의 확장)
2020년	현대백화점	여의도에 서울 최대 규모로 개점
	서부간선도로	지하화 → 금천구, 구로구
	제물포터널	신월 나들목~여의도
2021년	GTX-A 1차	삼성~동탄
	스타필드	인천 청라점
	신림선	여의도 샛강~서울대 앞
2022년	8호선	암사역~별내신도시
	신분당선	강남역~신사역 연장 개통
2023년	GTX-A 2차	일산~삼성(운정신도시까지 연장 검토)

여의도 맞벌이 부부가 잘사는 법

2025년	6호선	봉화산역~구리역
	9호선	보훈병원역~고덕 강일지구
	신분당선	신사역~용산역
	GTX-B	송도~마석
	제3연륙교	영종도~청라
	경인고속도로	지하화 → 양천구 신월동, 신정동, 목동
2026년	GTX-C	의정부~금정
	동부간선도로	지하화 → 노원구, 중랑구, 광진구, 의정부
미정	5호선	김포시 연장 검토
	3호선	대화역~파주 운정, 수서역~세곡동
	7호선	양주 옥정 지구 연결 검토
	신분당선	용산역~고양시 삼송역
	신안산선	여의도~시흥시청, 중앙(안산)

표 14 서울시 경전철 계획(출처 : 서울시 홈페이지)

연번	노선명	구간			규모 (Km)
		기점	종점	주요경유지	
계					89.2
1	신림선	여의도	서울대앞	보라매, 신림	8.1
2	동북선	왕십리역	상계역	고려대, 월계	13.3
3	면목선	청량리	신내동	면목	9.1
4	서부선	새절역	장승배기역	신촌	16.2

5	우이신설 연장선	우이동	방학역	-	3.5
6	목동선	신월동	당산역	오목교	10.9
7	난곡선	보라매공원	난향동	신대방	4.1
8	9호선 4단계 연장	보훈병원	고덕강일1지구	한영외고	3.8
9	위례신사선	위례내부	신사역	가락시장, 학여 울, 청담	14.8
10	위례선	마천역	복정·우남역	중앙역	5.4

시점별로 호재 지역을 실제 공사 진척도에 따라 체크해 가면서 투자 방향을 잡는다면 좋은 투자 지표로서의 역할을 할 수 있을 것이다.

여러 교통 호재 중에 가장 HOT 한 이슈 중 하나는 GTX다. 토지의 지하 부분은 개인이 소유하고 있는 토지라고 하더라도 일정 깊이 이하는 개인이 소유권을 행사할 수 없다(토지마다 차이가 있으나 통상 30~50m 이상의 깊이). 이러한 지하 부분에 지하철을 설치해서 소유권 간섭 없이 최대한 직선으로 정차 역을 줄여서 고속으로 수도권과 서울 주요 중심지를 연결하는 것이 GTX 사업의 핵심이다. GTX가 수도권 교통에 많은 도움이 될 것이라는 점은 전적으로 동의한다. 하지만 현실적인 부분도 생각해봐야 한다. GTX는 총 3개의 노선이 검토 또는 일부 확정되어 있다. 이 중 일산에서 출발하여 광화문, 서울역, 삼성역을 거쳐서 동탄에 이르는 GTX-A노선을 제외하고는

여의도 맞벌이 부부가 잘사는 법

나머지 2라인은 경제성이 의문시되고 있다. 만약 수도권의 교통을 획기적으로 개선할 수 있는 만큼 경제성이 좋다면 이미 확정되어 사업이 진행되고 있었을 것이다. 즉, 아직도 확정이 안 된다는 이야기는 그만큼 이용하는 사람의 수가 적어 경제성이 크지 않다는 이야기다. GTX-A노선은 일자리가 많은 광화문과 강남을 모두 지나는 만큼 이용객이 많을 것으로 평가되어 사업 진행에 무리가 없는 상태로 가장 먼저 추진되고 있다. GTX-C노선은 의정부, 창동, 청량리, 삼성, 양재, 과천, 금정을 지나는 노선으로 GTX-A노선만큼은 아니지만 비교적 사업성이 있는 노선이다. 그래도 GTX-A노선에 비하면 사업성이 절반 수준에 불과하다. 정부의 의지가 꼭 필요한 노선이라고 할 수 있다. 다만 최근에 국토교통부에서 노선을 양주에서 수원까지로 추가 연장하여 사업성을 올리는 방향으로 기획재정부에 통보하였다. 또한, GTX-C노선 역시 메인 수혜 지역 중 하나로 예상되는 창동역이 〈문재인 정부 국정 운영 5개년 계획〉에 직접 언급되는 만큼 가능성이 그렇게 낮다고는 판단되지 않는다. GTX-C노선과 관련하여 투자하는 데 있어서 주의해야 할 점은, 물론 아직 사업이 확정된 것이 아니니 역도 변경될 수는 있지만, 의정부의 출발지가 의정부역이 아니라 회룡역이라는 점이다. 역사가 어디에 생기게 될지 주의해서 봐야 할 것이다.

GTX-B노선은 유일하게 강남권 노선이 아닌 송도부터 남양주 마석까지의 노선으로, 2014년 예비타당성 조사에서 B/C값 0.3을 받아 반려되었던 적이 있다. B/C값이란 Benefit/Cost 비율, 즉 투자되는 돈 대비 수익이 얼마나 나느냐는 것이다. B/C값이 0.3이라는 것은 투자되는 돈에 비해 회수되는 수익이 30%밖에 미치지 못해 한마디로 경제성이 거의 없다는 의미가 된다. B/C값이 최소 1은 되어야 투자가치가 있다. 물론 2014년의 예비타당성 조사와는 노선을 변경하여 B/C값이 더 높을 것으로 기대되고 있으나, 실제 숫자는 확인이 필요하다. 내년 지방선거를 위해 표심을 잡고자 진행되는 일이 될 수도 있기 때문이다. 그만큼 경제성이 다른 노선 대비 많이 떨어지는 노선이다.

교통입지에 대해 평가할 때는 3가지 항목을 검토해야 한다. 바로 근접성, 접근성, 비용성이다. 첫째, 근접성은 물리적으로 얼마나 가까운가에 대한 척도다. 다만 물리적으로 가깝다고 해도 해당 위치로의 이동이 용이하지 않은 경우는 많다. 고속도로로 단절이 되어 있다거나, 산 등으로 막혀 있는 경우다. 서울에서 예를 들면, 같은 반포동에 속해 있지만, 경부고속도로로 단절되어 시세에 엄청난 차이가 있는 곳이 있고, 강남구 근처지만 강남으로의 교통이 좋지 않아 저평가되는 방배동, 사당동도(방배동은 비싸긴 하지만 강남보다는 낮은 시세임) 여기에 해당한다. 경부고속도로가 지하화되거나, 이미 착공되어 19년 1월에 개통 예정인 서리풀 터널이 개통되면 사당동, 방배동 쪽에는 엄청난 혜택이 될 것이다.

위와 같이 근접성보다 사실 더 중요한 것은 둘째, 접근성이다. 거리가 좀 있더라도 지하철이나 고속도로를 이용하여 단시간에 접근 가능하다면 이는 엄청난 메리트가 될 것이다. GTX가 바로 대표적

여의도 맞벌이 부부가 잘사는 법

인 예이고, 서울-양양 고속도로 개통으로 인해 접근성이 좋아진 양평과 가평 설악면이 여기에 해당한다고 할 수 있겠다. 접근성이 중요하지만, 다만 물리적인 근접성은 마음을 편하게 해주는 효과가 있다(물리적으로 가깝다면 GTX가 끊겨도 다른 교통수단을 이용해도 크게 차이 없이 갈 수 있으니 마음이 편하다).

마지막으로 절대 무시할 수 없는 비용성 부분이 있다. 접근성이 아무리 좋아도 비용이 비싸다면 이용에 한계가 있다. 약간 극단적인(?) 예를 한번 들어보고자 한다. 집이 KTX 대전역 바로 근처이고 직장이 마침 서울역 부근이라고 할 때, KTX를 이용하면 편도 56분 거리로 접근성 측면에서는 출퇴근이 가능한 거리다. 하지만 기차 편도가 23,000원쯤 한다는 측면에서 보면 왕복 교통비가 하루에 46,000원에 이르러 한 달이면 20일 기준 92만 원에 달한다. 아무리 접근성이 좋아도 일반적인 직장인이 감당할 수 있는 가격대가 아니라고 생각한다. GTX도 사실 이러한 측면을 잘 보아야 한다. 신분당선도 이동하는 거리에 따라 차이는 있지만, 최고 2,900원 수준의 편도 교통비를 내야 하는데, 이보다 먼 거리를 운영하고, 이용객도 많지 않을 것으로 판단되는 노선에서 얼마나 감당 가능한 수준의 요금을 책정해 주는지가 매우 중요한 포인트가 될 것이라 생각한다. A노선은 그래도 이용객이 많아 비교적 합리적인 수준의 교통비가 가능하리라 보지만, B와 C노선, 특히 B노선의 경우 막대한 세금의 투입 없이는 일반적인 출퇴근으로 이용하기 쉽지 않은 요금이 책정될 수 있는 만큼, 주의 깊게 봐야 할 것이다.

요금이 비싸게 책정된다면 두 가지 경우를 생각해 볼 수 있다. 비싼 교통비를 내느니 근접성도 좋아 마음도 편한 서울에 집을 마련하든지, 아니면 서울이 너무 비싸져서 비싼 교통비를 내고도 접근성이 좋은 지역에 살든지다.

일단 문재인 대통령의 국정 운영 5개년 계획에는 GTX A, B, C노선을 모두 건설 추진하는 것으로 되어 있으니 한번 기대해 보며, 수혜를 받을 지역을 유심히 살펴보도록 하자. 가장 수혜가 예상되는 지역은 A노선(운정, 킨텍스, 화성), B노선(부평, 마석, 송도. 사실 송도는 대부분 그 지역에 일자리를 가지고 있는 사람이 사는 지역이라 실제 이용객이 많을지는 의문이나 지역 부동산에 활력은 분명할 것이다). C노선(양주, 창동, 금정, 수원)이라고 생각한다.

표 15 <문재인 정권 국정 운영 5개년 계획>의 일부

	빠르고 안전한 대중교통, 깨끗하고 청정한 대기환경
수도권 상생	●미세먼지 집중배출지역 특별 관리로 근본적인 미세먼지 감축 ●GTX A노선(예비타당성 조사 중인 파주 연장구간 포함)·B노선·C노선 건설 추진 ●지하철 급행화, 광역순환철도 건설로 출퇴근 시간을 획기적으로 단축 ●연간 10조 원 규모의 도심재생뉴딜사업 본격 추진

여의도 맞벌이 부부가 잘사는 법

우리나라 주택의 가격이 현재 과연 지나치게 많이 오른 상태일까? 국토교통부에서 주거복지 로드맵을 발표하면서 배포한 참고자료를 보면 지난 10년간 주택의 가격은 24.9% 올랐다고 한다.

표16 국토교통부 주거복지 로드맵 발표 참고자료 중 일부

② 주택 공급 확대에도 불구하고, 내 집 마련은 어려운 현실

☐ 지난 10년간 주택 재고는 368만 호가 증가하였으나, 주택 매매가격은 24.9% 상승하여 실수요자의 내 집 마련은 쉽지 않은 상황

그렇다면 그동안 물가는 얼마나 올랐을까? 통계청의 자료를 활용하여 계산해 보니 10년의 동기간 동안 25.9% 상승하였다. 결국, 주택 가격이 많이 올랐다고 해도 물가 상승률만큼도 오르지 않았다는 이야기다. 그래도 집값이 비싸지 않냐고? 맞다. 비싸다. 그런데 집은 언제나 비쌌다. 언제 집이 아무나 쉽게 살 수 있을 정도로 쌌던 적이 있었는가. 집이 절대적으로 비싸다는 것은 인정하고 가야한다. 다만, '상대적'으로 얼마나 비싼지, 싼지가 검토해야 하는 부분이다.

표 17 소비자 물가 상승률(출처: 통계청)

년도	2016	2015	2014	2013	2012	2011	2010	2009	2008	2007
연간 상승율	1.0%	0.7%	1.3%	1.3%	2.2%	4.0%	2.9%	2.8%	4.7%	2.5%
상승율 누계	25.9%	24.7%	23.8%	22.2%	20.7%	18.1%	13.5%	10.3%	7.3%	2.5%

주택 가격이 많이 오르지 않았다면 그럼 어느 집이나 사도 오를까? 우리나라는 그동안 절대적인 주택 부족으로 인해 양적 시장을 형성하고 있었다. 즉, 주택 자체의 질보다는 공급이 이루어진다는 점 하나만으로도 분양이 이루어지고 시세도 올라갔다. 물론 입지 차이에 의한 차이는 있었지만, 전체적인 '상승'이라는 흐름이 있었다고 할 수 있다.

하지만 몇 년 전부터 이러한 흐름에는 변화가 생겼다. 우리나라의 주택 보급률이 100%를 넘어가면서, 더 이상 양적인 주택의 증가만으로는 시장의 호응을 얻기가 어려워진 것이다. 여기에 주택의 자가 점유율도 59.9%까지 올라 선진국 평균 60%에 도달했다. 앞으로 자가 점유가 늘어나면서 주택의 수요가 늘어나는 것도 기대하기 어렵다는 이야기다. 다만, 주거 환경 개선으로 인해 1인당 주거 면적은 엄청난 속도로 늘어나고 있다. 시나브로 주택 시장이 '질적' 시장으로 변화되었다.

표 18 과거와 현재의 주거수준 비교(출처 : 통계청, 주거실태조사)

구 분	'80년	'90년	'00년	'10년	'16년
주택 재고	532	716	1,096	1,769	1,988만 호
주택보급률	71.2	80.8	81.7	100.5	102.6%
가구당 평균면적	45.8	46.4	62.4	67.4	70.1㎡
1인당 주거면적	10.1	13.8	19.8	25.0	33.2㎡

이제 단순히 주택이면 되는 것이 아니라 '살고 싶은' 집이어야 한다. 반대로 이야기하자면 '살고 싶은' 집이라면 남들보다 비싼 가격을 지불하더라도 기꺼이 구매하고자 하는 사람이 더 많이 늘어나고 있다는 것이며, 여기에 투자의 포인트가 있다고 할 수 있다.

각종 부동산 호재가 있지만 역시 가장 중요한 호재 중 하나는 바로 교통과 관련된 호재다. 특히 수도권은 전철 노선을 따라 부동산 시세가 형성된다고 하여도 과언이 아닐 정도로 교통 호재는 중요하다.

그런데 이러한 수도권의 교통 호재는 면면을 들여다보면 얼마나 '서울로, 강남으로, 도심으로' 빠르게 갈 수 있느냐가 핵심이다. 그리하여 이런 교통 호재들은 중심지의 사람들을 수도권으로 분산시키는 것이 아니라, 보다 중심지로 향하게 하는 결과를 가져온다.

'누구나 살고 싶은 곳.' 이것이 바로 현재 부동산에서 가장 중요한 질적 가치이며, 우리가 잊지 말아야 할 투자 방향이다.

Ⅱ. 성공육아 편

맞벌이 부부를 위한
맞춤육아

육아시스템을 '세팅'하겠습니다

step 01 루키 단계

임신을 알게 되었다. 기쁨과 설렘도 잠시, 무엇부터 준비해야 할지 막막하다. 게다가 맞벌이 부부라면 아이를 어디에 맡겨야 할지, 출퇴근은 어떻게 할지 걱정이 앞선다.

하지만 임신 첫 단계부터 차근차근 준비하면 맞벌이 부부도 쉬운 육아를 할 수 있다. 이 책에서 제시된 '맞벌이 부부를 위한 맞춤육아'를 단계별로 실천하면, 지금까지 맞벌이 부부의 고정된 편견을 깨는 새로운 육아를 경험할 수 있을 것이다. 왜 맞벌이 부부는 아침마다 전쟁인지? 왜 워킹맘은 아이에게 항상 미안한지? 나는 이해할 수 없다. 임신단계부터 육아시스템의 세팅을 잘해두면 나중에 아이 때문에 회사를 그만둔다거나 그때 회사를 그만뒀어야 했다는 후회를 하지 않는다. 그렇다면 무엇을 준비해야 할까?

✖ 아이를 맡기는 것이 아니라 '잘' 키우는 것이 맞벌이 육아다

나는 상당히 욕심이 많은 사람이다. 뭐든 잘하고 싶고, 누가 나보다 잘하면 배가 아프다. 그런 내가 임신을 했다. 혼자일 때는 회사

일만 잘하면 되었다. 늦게까지 야근을 하고 주말에 출근해도 나 하나만 힘들면 되었다. 그런데 아이가 생기자 내 몸은 더 이상 나 혼자만의 몸이 아니었다. 뱃속의 아이에 대한 책임감 그리고 아이가 태어난 뒤 어떻게 키울지, 그동안 나 자신만 알고 살아온 삶의 방식을 바꿔야 할 때가 온 것이다. 일과 육아 둘 다 포기할 수 없는 내가 이 두 가지를 어떻게 감당해야 할지 걱정이 되었다.

일과 육아 둘 중 어느 것이 더 중요하냐고 묻는다면 나는 당연히 우리 아이들이다. 아이들이 안정적으로 커야 내가 출근해서도 마음 편하게 일에 집중할 수 있다. 내가 회사 일로 인하여 아이의 중요한 시기를 놓친다면 당연히 일을 포기했을 것이다. 왜냐하면, 아이가 부모를 필요로 하는 시기는 그리 길지 않고, 뭐든지 '때'라는 것이 있기 때문에 그때 적절한 돌봄과 보살핌이 없다면 아이가 큰 뒤 그 부작용이 부모에게 되돌아오게 되어있기 때문이다. 그것을 알면서도 현실에 급급해서 중요한 것을 놓치고 싶지 않았다. 그렇다면 어떻게 해야 일과 육아 둘 다 잘할 수 있을까?

임신했을 때 우리 부부의 가장 큰 고민은 바로 '아이를 누구에게 맡길 것인가?'였다. 내가 회사 일을 잘하려면 내가 없을 때 부모처럼 아이를 잘 봐주시는 분이 있으면 되는 거였다. 나는 그 길로 서점으로 달려갔다. 아기를 키우는 데 가장 중요한 것이 무엇인지 알고 싶었다. 당장 나에게 닥친 일이라 그런지 책 속의 내용이 하나하나 와 닿았다. 책에서 공통적으로 말하는 것은 사랑, 애착관계, 즉각적인 반응이었다. 이 중요한 시기를 부모인 내가 책임지고 싶었다. 하지만 대기업에서 나오는 순간 재입사란 힘들 것을 너무 잘 알기에 일 또한 포기할 수 없었다. 내가 아이의 부모인데 그 순간을 남에게 맡길 수밖에 없는 현실이 너무나 슬펐다. 맞벌이 부부가 증가하고 아이를 맡길 곳은 생각보다 다양하다. 하지만 나에게 중요한 것은 아이를 맡길 데가 아니라 아이를 잘 키우는 것이었다.

그런데 대부분의 부부는 어디로 태교여행을 갈지, 산후조리원은 어디로 할지 이것저것 다 비교하고 후기까지 읽어보고 결정하면서, 정작 아이를 키우는 데 있어서 가장 중요한 부분을 소홀히 하고 불필요한 것에 너무 많은 에너지를 쏟고 있는 것 같다. 지금 태교여행을 어디로 갈지 고민할 때가 아니다! 아래 다섯 가지 질문에 관하여 신중하게 고민해야 한다. 절대로 대충 생각하고 대충 결정할 일이 아니다. 육아의 첫 시작을 어떻게 하느냐에 따라 육아의 방향이 결정되고, 아이의 미래가 결정된다. 맞벌이 부부의 목표는 아이를 맡기는 것이 아니라 아이를 잘 키우는 것이다.

_맞벌이 부부 임신단계에서 육아시스템을 세팅하다

❶ 부부의 육아관은 무엇인가?

- 우리 부부에게 가장 중요한 것은 '행복'이다.

무엇을 결정하는 근거도 그것을 했을 때 '우리가 과연 행복한가?'다.

🧑 : "여보. 우리가 맞벌이 부부라 바쁘겠지만, 우리 아이를 누구보다 잘 키우고 싶고 아이가 행복했으면 좋겠어. 우리가 일한다고 애들 학원 뺑뺑이 돌리고 싶지 않아. 진심으로 아이가 원해서

여의도 맞벌이 부부가 잘사는 법

보내달라고 하면 어쩔 수 없겠지만, 그렇지 않은 이상 억지로 보내진 않을 거야."

👩 : "나도 동의해. 공부도 하고 싶어서 해야 머릿속에 들어가지. 그런데 맞벌이 부부가 그게 가능할까?"

👩 : "방법을 한번 생각해보자."

❷ 아이를 어디에 맡길 것인가?
- 부모처럼 아이를 돌봐줄 수 있는 곳.
아이가 어릴 때 중요한 시기인 만큼 마음 놓고 맡길 수 있는 분이어야 한다.

👩 : "아이가 어릴 때 자기표현이 완벽하지 않은 시기에는 기관에 보내지 않고, 아이를 사랑으로 돌봐주고, 필요한 것을 제때 해주실 수 있는 분에게 맡기고 싶어."

👩 : "일단 가능한 곳을 한번 알아보자. 그리고 관련된 정보도 한번 찾아봐야 할 것 같은데? 주변에 아이 낳으신 분들한테도 조언을 구해보자고."

👩 : "그게 좋겠다!"

❸ 아이를 어떻게 키울 것인가?
- 아이에게 공부나 꿈을 강요하지 않는다.
  책을 통해 호기심을 충족하고, 지식보다는 지혜가 있는 아이.

👧 : "우리 아이는 하고 싶은 일이 있고 꿈이 있는 주도적인 아이로
키우고 싶어. 책육아로 키우고 싶은데 오빠 생각은 어때?"

👨 : "책육아? 그게 뭔데?"

👧 : "책을 좋아하는 아이로 키우는 거야. 책을 통해서 호기심을 충
족하고 배움의 기쁨을 느끼는 것이지. 아이에게 억지로 공부시
키고 싶지 않거든."

❹ 맞벌이 부부 아이와의 시간을 어떻게 확보할 것인가?

- 퇴근 후 아이와 함께할 시간을 최대한 확보한다. 잠은 무조건 부
모가 데리고 자고, 아이가 잘 때 가사 일을 끝내고 아이가 깨어있
는 순간은 아이에게 집중한다.

👧 : "나는 일찍 출근하고 늦게 퇴근하니까 신랑이 많이 도와줘야
해. 신랑이 먼저 퇴근하면 다른 거 제쳐두고 베드타임 스토리
가 1순위야 알겠지? 내가 퇴근하면 이어서 할게."

👨 : "그거 내가 잘할 수 있을까?"

👧 : "못하는 게 어디 있어? 나도 처음인데. 해보면 되겠지."

❺ 가사일은 어떻게 분담할 것인가?

- 가사일과 육아 모두 부부가 같이한다. 그리고 부부 중 한 명이 늦
거나 없는 경우를 대비하여 모든 것을 할 줄 알아야 한다.

여의도 맞벌이 부부가 잘사는 법

👧 : "나는 주말에 하루, 평일에 하루 쉬니까 평일에 청소, 빨래는 내가 할게. 대신 신랑이 먼저 퇴근하면 아이에게만 집중해줘. 그리고 가사든 육아든 같이하는 거야. 알겠지? 만약 제대로 안 되면 나 회사 그만둔다고 할지도 몰라."

👦 : "어… 어, 알겠어. 그런 무서운 말 하지 마."

👧 : "미리 부탁할게. 고마워."

이는 우리 부부의 예를 들어 설명한 것이고 앞의 다섯 가지 질문에 대해 부부가 서로 고민하고 의견을 나눴다면 이미 육아의 반 이상을 한 것이나 다름없다. 그만큼 처음 시작이 중요하다.

'우리 부모는 나에게 어떤 분이셨는가?' '나는 어떤 부모가 되고 싶은가?'

한 세대를 책임질 아이를 키우는데 한 번이라도 이에 대해 고민해본 적이 있는가?

예를 들어, 체벌을 허용하는 남편과 대화로 해결하는 아내가 있다고 가정하자. 엄마는 아이에게 무섭게 소리치고 체벌하는 남편이 마음에 안 든다. 아이가 태어난 후 남편이 그런 행동을 할 때 무작정 몸으로 말리고 울고불고할 일이 아니라 아이가 태어나기 전에 부부가 대화하고 육아서를 찾아 읽으며 방법을 찾아야 한다. 남편이 어릴 때 아버지가 어떤 분이셨는지. 그래서 기분이 어땠는지. 그리고 요즘 아빠들은 어떤지 등 이런 대화는 평소에 아무 일 없을 때 하는 것이다. 상황이 터지고 나서야 왈가왈부하는 것이 아니다.

부부의 대화가 별 것 아닌 것 같지만, 평소에 부부 사이에 대화가 충분하다면 큰일로 번지지 않는다. 부부의 대화는 언제나 중요하다. 당장 TV를 끄고 아무 이야기나 해보자. 처음에는 아무 말도 안 할 수도 있다. 그러나 한 줄이라도 대화가 시작되면 술술 풀리는 경험을 하게 될 것이다.

✖ 맞벌이 부부의 출산준비

요즘 임신한 부부에게 태교여행은 선택이 아니라 필수가 되었다. 가장 많이 가는 태교여행지는 사이판과 괌이다. 따뜻한 날씨와 해변 그리고 거리도 가까운 편이라 임산부가 가기에 좋은 곳이다. 하지만 한 가지 안타까운 사실은 태교여행을 출산용품을 사러 가는 것으로 오해하고 있는 부부가 상당히 많다는 사실이다. 태교여행은 말 그대로 태교에 집중하러 가는 것이다. 앞부분에서 임신단계에서 육아시스템을 세팅하기 위해 제시했던 다섯 가지 항목(부부의 육아관은 무엇인가?, 아이를 어디에 맡길 것인가? 아이를 어떻게 키울 것인가? 아이와 부모의 시간을 어떻게 확보할 것인가? 가사일은 어떻게 분담할 것인가?)에 관하여 심도 있게 대화를 나누고, 부부가 편안하게 쉬며 뱃속의 아이에게 집중하는 시간이다. 아이가 태어나면 이런 대화를 할 시간조차 없기 때문이다. 어떻게 하면 태교여행을 유익하게 보낼 수 있을까?

_맞벌이 부부를 위한 태교여행 준비하기

❶ 태교여행 시기

- 부부가 같이 휴가를 낼 수 있는 기간을 알아본다. 맞벌이 부부

는 휴가 기간을 맞추기조차 쉽지 않을 수 있다. 태교여행을 계획하고 있다면 미리부터 일정을 맞추어 임신기간 중 위험한 시기는 피하도록 한다.

- 부부가 맞춘 휴가기간이 임신 초기/중기/말기 중 어느 시기에 해당하는지 확인하여 나라를 결정한다(임신 초기와 말기는 되도록 피한다).

❷ 여행지 선택

- 비행거리와 숙소(호텔/리조트형, 풀빌라형)를 고려하여 지역을 선택한다. 지역 선택 시에는 테러나 바이러스 등 이슈가 되는 지역을 사전에 확인하여 피한다.

- 휴가기간을 여행지에서 풀로 다 쓰기보다 여행 다녀와서 1~2일 정도는 짐 정리하고 집에서 쉴 수 있도록 일정을 계획하는 것이 다음날 출근에 무리가 없다.

❸ 여행일정 짜기

- 태교여행지로 결정한 지역에서 부부가 무리 없이 즐길 수 있는 일정을 짠다. 마사지, 문화체험, 투어, 부대시설 등을 고려하여 지역별로 특색 있는 프로그램을 잘 확인하도록 한다.

❹ 필수 준비물

- 부부가 함께 읽을 육아서 준비

※주의사항 : 남편의 육아서는 고를 때 신중하라. 남편이 공감하

고 흥미를 느낄 수 있는 육아서로 골라야 한다. 안 그러면 읽다가 잠들고 다시는 육아서를 안 읽으려고 할 것이다.

표 19 태교여행지에서 읽을 추천 육아서

책명	저자	출판사
배려 깊은 사랑이 행복한 영재를 만든다	최희수	푸른육아
자존감 높은 아이로 키우는 애착육아	윌리엄 시어스	푸른육아
생의 목적을 아는 아이가 큰사람으로 자란다	전혜성	센추리원
아이의 두뇌를 깨우는 하루 15분 책읽어주기의 힘	짐 트렐리즈	북라인
푸름아빠의 아이 내면의 힘을 키우는 몰입독서	최희수	푸른육아

우리 부부는 발리로 태교여행을 다녀왔다. 처음부터 출산용품을 살 계획은 없었고, 아이를 낳으면 한동안 여행을 못 다닐 것을 고려하여 편하게 쉬면서 북적이지 않는 곳을 선택했다.

태교여행은 아이가 태어나기 전, 부부 둘만의 마지막 여행이기 때문에 좀 더 특별하게 보내고 싶었다. 우리 부부는 발리의 포시즌 풀빌라에서 먹고, 쉬며 인생 최고의 시간을 보냈다. 사실 이곳은 태교여행지라기보다는 신혼부부가 허니문으로 많이 가는 곳이다. 허니문 상품으로 예약했더니 신혼여행을 한 번 더 다녀온 기분이었다.

나는 태교여행을 가기 전에 서점에서 육아서를 4권 구매했다. 내 것만 산 게 아니라 신랑이 부담 없이 읽을 수 있는 육아서도 같이 챙겨갔다. 내가 책을 읽으면서 신랑에게도 슬쩍 들이밀었다. 조명을 켜고 음악을 들으며 책에 집중했다. 육아서를 읽으니 아이가 뱃

여의도 맞벌이 부부가 잘사는 법

속에 있을 때부터 부모가 해줄 수 있는 것이 매우 많다는 것을 알게 되었고, 미리부터 준비할 수 있었다.

[사진 12] 우리 부부의 태교여행 모습

그곳은 우리 부부만을 위한 프라이빗 풀빌라여서 다른 어느 것도 우리를 방해할 수 없었다. 책을 읽다 피곤하면 잠을 잤고, 식사도 호텔 내부에서 다 해결이 되었다. 식사하고 나서 해변을 거닐며 아이에게 태담을 건넸고, 부부가 함께 마사지를 받은 뒤, 숙소로 돌아와서는 우리 둘만의 전용 풀에서 수영을 했다. 너무 행복한 시간이었다.

'육아서를 읽으며 태교에 집중하는 부부'와 '출산용품을 사겠다고 북적이는 곳에서 줄 서서 기다리는 부부'. 당신은 어느 쪽을 선택할 것인가?

요즘은 인터넷으로 출산용품을 주문하면 배송도 빠르고 가격 차이도 거의 없다. 더군다나 출산용품 중에 아이를 낳기 전에 미리 사둘 품목은 생각보다 많지 않다. 해외에서 구매한 옷이나 용품은 우리나라 아이들에게 잘 맞지 않아 쓰지 않고 중고로 파는 경우도 많이 보았다. 그런데 왜 귀한 시간에 사람이 북적이는 곳에서 물건을 사느라 에너지를 낭비하는지 모르겠다.

표 20 맞벌이 부부를 위한 추천 태교여행지

구분	거리	지역	비행시간	관광형태	특징	숙소
해외	2시간대	오키나와(일본)	2:15	휴양+관광	에메랄드 바다 위에 떠있는 산호섬. 동양의 하와이	호텔/리조트
	4시간대	괌(미국령)	4:15	휴양+쇼핑	연인과 가족 모두에게 꾸준히 사랑받는 관광지	호텔/리조트
		사이판(미국령)	4:15	휴양+쇼핑	가족/태교여행으로 사랑받는 깨끗한 휴양지. 에메랄드빛 바다	호텔/리조트
		보라카이(필리핀)	4:35	휴양형	필리핀 낭만의 섬	호텔/리조트
		다낭(베트남)	4:55	휴양+관광	1년 내내 따뜻한 날씨	풀빌라/호텔
	5시간대	코타키나발루(말레이시아)	5:09	휴양형	지상낙원. 세계 3대 석양 중 하나를 감상할 수 있다.	리조트
		방콕(태국)	5:50	휴양+관광	매년 1,600만 명이 찾는 관광도시. 길거리 음식의 천국	호텔/리조트
	6시간대	푸켓(태국)	6:35	휴양형	항공료, 숙박비 등 관광비용이 합리적. 가성비 좋은 여행지	풀빌라/호텔
	7시간대	발리(인도네시아)	7:10	휴양형	신들의 섬. 에메랄드빛 바다와 럭셔리한 풀빌라	풀빌라/호텔
		하와이(미국)	7:40	휴양+쇼핑	신혼여행의 성지. 높은 파도와 아름다운 해변	호텔/리조트
국내	출발지에 따라 상이	제주도	1:05	휴양+관광	섬 전체가 하나의 거대한 관광자원	호텔/풀빌라/리조트
		남해		휴양형	이국적이면서도 향토적인 곳. 빨간 지붕과 하얀 벽돌로 이루어진 독일 마을	풀빌라/리조트
		부산		휴양+관광	마린시티의 야경이 화려한 해운대. 전통시장의 먹거리	호텔

여의도 맞벌이 부부가 잘사는 법

❶ 출산용품 준비

출산용품은 너무 많은 것을 미리 사둘 필요가 없다. 특히 초보 엄마일수록 무턱대고 이것저것 사놨다가 아이에게 맞지 않아 못쓰거나, 굳이 필요 없는 물건까지 사서 돈을 낭비하게 된다. 아이가 태어나자마자 필요한 물건만 미리 준비해두고 나머지는 아이를 키우면서 그때마다 사면된다. 맞벌이 부부의 경우 젖병부터 시작하여 유모차까지 같이 사용하기 때문에 부부의 의견을 공유하여 같이 구매하는 것이 좋다. 아내가 원하는 것으로 구매했는데 남편이 더 자주 쓰는 경우도 있기 때문이다. 처음 사는 물건은 매장에서 직접 확인 후 구매하도록 하고, 자주 쓰는 물건은 출퇴근 시간을 활용하여 온라인 쇼핑을 통해 구매하면 시간을 절약할 수 있다.

❷ 산후조리원 결정

요즘은 출산 전에 미리 산후조리원을 예약한 뒤, 일종의 코스처럼 출산 후 산후조리원으로 바로 들어간다. 대부분의 산후조리원 시설이 잘 되어있기 때문에 기본적인 사항은 제외하고 산후조리원 선택에 있어서 중요한 요소를 몇 가지 알려주고자 한다.

● 접근성 : 집과 산후조리원과의 거리는 가까울수록 좋다

산후조리원에 들어가면 2~3주간 그곳에서 나올 필요가 없기 때문에 집과의 접근성을 무시하고 얼마나 유명한지, 얼마나 최고급 시설을 갖추고 있는지 등을 따지는 경우가 많다. 그래서 산후조리원 선택 시 아내 의견을 반영하여 결정하게 된다. 그러나 남편의 경우 매일 퇴근 후 방문해야 하고, 같이 잠을 자기가 불편한 경우 집에 돌아가서 자고 출근하는 경우도 많다. 그리고 필요한 물건이 생기면 집에 다녀와야 하는 경우도 왕왕 생긴다. 유명하다고 무턱대고 결정하기보다는 이동이 편리하고 접근성이 좋은 곳으로 결정하는 것이 좋다.

● 가성비 : 산후조리원 비용을 아끼고 마사지 5회 더 받는다

고려하고 있는 산후조리원 중 시설이 뛰어나지는 않지만 지내기에 괜찮다면 상대적으로 저렴한 곳을 선택하고, 비용을 아낀 만큼 마사지를 더 받는 것을 추천한다. 요즘은 대부분의 산후조리원 시설이 잘 되어있어서 저렴하다고 해도 지내기에 문제가 없고, 출산한 뒤 젖몸살부터 몸 이곳저곳 안 아픈 곳이 없는데 산후조리원에 상주하고 있는 전문가의 마사지를 받으면 출산하느라 뭉친 근육도 풀리고 만족도가 훨씬 크다.

● 친절도 : 직원들이 친절해야 지내는 동안 편하다

산후조리원에는 원장, 신생아 담당, 조리사, 마사지사 등 근무하는 직원이 업무별로 있고 산후조리원에서 지내는 동안 자주 마주할 수밖에 없다. 그런데 직원이 불친절하면 내 돈 주고 불편함을 감수해야 하는 상황이 생긴다. 사전 답사 시 직원의 친절도를 확인하자.

_출산 후 육아와 가사일은 분담하면 안 된다

우리 부부는 신혼 4개월 만에 첫째 아이를 가졌다. 나는 그 당시 승진을 하면서 본사에서 영업점으로 발령이 났고, 집에서 왕복 3시간 거리를 마을버스와 지하철을 갈아타며 출산 후 아이와 있는 시간을 확보하기 위해 출산예정일 당일까지 근무했다. 임신 초기에는 그렇게 졸릴 수가 없었다. 여자 휴게실이 따로 없어 졸음을 이기기 위해 매장을 돌아다니고 화장실에서 잠깐씩 눈을 붙이기도 했다. 태교음악은커녕 임신 기간을 이렇게 보내야 하는 나 자신이 너무 가여웠다.

하루는 50대 주부에게 컴플레인이 걸려 상담실에 갔다. 그 고객은 내게 다짜고짜 고성을 질렀다. 상담실장이 내가 임신 중이라는 것을 말했지만, 오히려 그게 무슨 상관이냐, 누구는 임신 안 해본 줄 아냐며 더 화를 냈다. 상황을 마무리 짓고 밖에 나가 신랑과 통화하며 한참을 울었다. 배는 스트레스를 받아 단단하게 뭉쳤고, 우리 아이에게 무슨 일이 생긴 게 아닌지 걱정이 되었다. 돌이켜 생각해보니 내가 나를 챙겨야 했는데 나쁜 일이 생기지 않아 다행이지 아주 아찔하다.

임신기간 나를 버티게 해준 것은 남편이 구하기 힘든 과일이나 새벽에 사다 주는 음식이 아니었다. 요즘에는 24시간 열려 있는 편의점과, 예전처럼 가격이 비싸서 못 먹고 사는 상황도 아니기에 구하지 못할 과일은 없다. 남편이 진짜 해줘야 할 것은 그런 것들이 아니다. 바로 고생한 아내를 마사지해 주고 고생했다고 건네는 따뜻한 말 한마디, 그리고 아이에게 건네는 태담이다.

임신기간 동안 정신적, 체력적으로 지친 아내가 아이를 출산하고 모든 것이 끝나면 좋으련만 그때부터가 본격적인 육아의 시작이다. '아이가 뱃속에 있을 때가 천국'이라는 말이 괜히 있는 게 아니다. 이미 맞벌이 부부라면 어느 정도 가사일이 분업 되어 있을 것으로 생각한다. 하지만 아이를 낳고 난 뒤 육아는 전적으로 아내에게 맡기고 남편은 기존에 하던 가사일만 하려고 하면 문제가 생긴다. 육아 또한 가사일과 마찬가지로 부부가 함께해야 한다. 맞벌이 부부일수록 육아와 가사 일을 함께해 줘야 둘 중 한 명이라도 출장이나 회사 일로 자리를 비울 때 문제가 생기지 않는다. 일이 벌어지고 나서 안 하던 것까지 하려고 하면 부모와 아이 모두 익숙하지 않은 상황에 당황하게 되고 말 그대로 전쟁 같은 상황이 발생하고 마는 것이다.

_맞벌이 부부는 육아와 가사 일 모두 같이 한다

● 출산과 동시에 부부 모두 멀티플레이어가 된다

출산휴가 또는 육아휴직을 하게 되어 아내가 일정기간 집에 있게 되면, 아내가 출근하는 남편을 위해 집에 있는 동안이라도 아내가 집안일과 육아를 하겠다고 자청하는 경우를 많이 보았다. 대부분 가정의 문제의 발단은 거기에서 시작된다.

"밭매러 갈래, 애 볼래?" 예전부터 이 말이 왜 있는 줄 아는가? 애 보는 게 너무 힘들어서다. 그렇다면 출근한 남편이 아내를 배려해야 하는가 아니면 애 보는 아내가 남편을 배려해야 하는가? 맞벌이 부부라면 지금 상대방을 배려할 때가 아니다! 맞벌이 부부에게 이 단계는 복직 후를 대비하는 사전 준비기간이다. 남편은 출근한 시간을 제외하고(평일, 주말 포함) 아내와 함께 있는 시간에 육아/가사일을 같이함으로써 양쪽 모두 익숙해져야 한다. 만약 부부가 분업하게 되면, 하던 일만 하고 나머지 일은 익숙하지 않아 반드시 문제가 생기게 되어 있다. 그러려면 처음부터 남편이 육아, 가사일과 관련된 것을 같이 하고, 아내는 남편이 모르는 것은 가르쳐 주어서 부부가 모두 육아, 가사 일 모두 자연스러운 상태를 만들어야 한다. 휴직기간에 이 시스템만 문제없이 만들어 놓으면 출퇴근 시간이 서로 다른 맞벌이 부부 중 누가 아이를 보더라도 전혀 문제가 없다. 게다가 아이 또한 아빠와 엄마 모두에게 편안한 상태이니 아이와 부모의 애착관계 형성에도 더할 나위 없이 좋다.

● 부부 멀티플레이어의 좋은 점

부부가 분업이 아닌 멀티플레이어가 되면 장점이 있다. 아이가 어릴 때일수록 부부는 잠을 못 자고 쉬지 못해 말 그대로 폐인이 된다. 이때 멀티플레이 부부라면 온전한 자유를 누릴 수 있다. 그리고 앞으로도 그것이 계속 가능해진다. 무슨 말일까? 부부가 모두 육아와 가사 일에 익숙해진 상황이라면 남편 또는 아내가 교대로 일정시간의 자유를 누릴 수 있다(물론 부부가 함께 자유를 누리면 좋겠지만 그게 얼마나 힘든 것인지 알게 될 것이다). 나는 남편이 아이를 봐주는 동안 목욕탕에 가거나 카페에 가서 육아서를 읽었고, 남편은 내가 아이를 보는 동안 영화를 보고 왔다.

　이렇게 부부가 자유 시간을 누리고 돌아오면 기분 전환이 되어 아이에게 더 집중할 수 있게 되고, 육아에서 육체적, 정신적으로 가장 힘든 시간에 부부 사이에 생기는 문제도 줄일 수 있다.

_우리 아이를 어떻게 잘 키울 것인가

　맞벌이 부부라면 아이를 낳고 복직할 때 아이를 누구에게 맡길지 생각해야 한다. 이 단계에서 신중하게 양육자를 선택하는 것이 육아시스템 세팅에서 가장 중요한 부분이다. 그리고 복직시점에 임박해서 아이를 맡기는 것이 아니라, 복직 1~2개월 전부터 아이가 새로운 곳 또는 새로운 분과 적응을 할 수 있도록 도와줘야 한다.

　우선 아이를 맡길 곳을 검토한다. 사람을 찾다 보면 우리 가족과 맞는 사람을 구하는 게 생각보다 쉽지 않다. 따라서 여유를 갖고 찾는 것이 좋다. 아이가 어릴 때는 자신의 의사표현을 할 수 없기 때문에 안심하고 맡길 수 있는 곳 그리고 아이를 사랑으로 봐주실 수 있는 분을 찾는 것이 급선무다. 나는 두 아이를 기르면서 우리 가족에게 맞는 양육자를 찾기 위해 부모님부터 조선족 입주 시터까지 안 해본 것이 없을 정도로 시도해 보았다. 매 순간 대체양육자를 찾으며 마음고생도 많이 했고, 회사를 그만둬야 하나 심각하게 고민도 많이 했다. 하지만 복직에 다급해서 대체양육자를 구한 것이 아니라 출산과 동시에 양육자를 고려하여 결정하였기 때문에 중간에 문제가 생겨도 시간적인 여유가 있었고, 많은 시행착오를 거쳐 지금은 더할 나위 없는 최고의 돌보미 선생님께 두 아이를 맡기고 있다.

_아이 맡길 수 있는 곳을 찾아보고 장단점을 비교하라

① 친정 또는 시부모님
② 어린이집
③ 아이돌보미 기관
④ 시간제/종일제/입주시터

❶ 친정 부모님(첫째 1년 11개월)

나는 아이가 어릴 때는 기관에 맡기고 싶지 않았기 때문에 믿고 맡길 양육자를 찾는 것이 더욱 중요했다. 우리 부부에게 1순위는 당연히 부모님이었다. 우리 부부는 부모님을 설득하여 첫째를 친정에 맡기고 직장에 나가게 되었다. 직장생활을 하면서 안심하고 갓난아이를 맡길 수 있는 곳이 있다는 것 자체가 감사할 따름이었다.

양육자가 결정되었다면 아이가 양육자와 잘 적응할 수 있도록 부모가 도와야 한다. 출산 후 엄마가 집에 있는 동안 대체양육자가 하루에 한 시간이라도 함께 있으면서 '안심해도 되는 사람'이라는 것을 알려줘야 한다. 그래야 엄마가 복직한 뒤에도 아이가 불안을 느끼지 않고, 엄마도 마음 놓고 출근할 수 있다. 나는 첫째를 친정 부모님께 맡기기로 하고, 일주일에 2~3번은 내가 친정에 갔고, 친정 부모님도 우리 집으로 자주 찾아오셨다. 덕분에 아이는 복직 후 내가 출근 후에도 할머니, 할아버지의 사랑을 받으며 안정적으로 잘 성장했다.

❷ 조선족 입주 시터(첫째, 둘째 2주)

첫째가 13개월 때 우리 부부는 둘째를 임신했다. 둘째를 임신하자 또 아이를 맡길 곳을 찾는 것이 문제였다. 친정 부모님은 첫째를 보느라 몸이 많이 안 좋아지셔서, 아이 둘을 맡기기에는 무리가 있었기 때문이다.

막막했다. 복직은 해야 하는데 한 명도 아닌 두 명을 어디에다 맡긴다는 말인가! 대부분의 시터는 우리 부모님보다 조금 젊거나 비슷해서 아이 한 명 정도는 감당할 수 있다. 하지만 아이가 두 명일 때는 돈을 더 드린다고 해도 꺼리는 경우가 많았다. 체력적으로 감당이 안 되기 때문에 단번에 거절하는 경우도 상당하다.

나는 어렵게 입주 시터를 구했다. 우리 집에 처음 온 분은 조선족 교포였고 내가 퇴근이 늦는 것을 고려하여 입주 도우미를 썼다. 어렵게 구한 분이라 잘 적응하실 수 있도록 많은 배려를 해드렸다. 방을 정리하여 그분 방을 새로 만들어드리고, 집안 살림보다는 아이를 우선으로 봐달라고 부탁드렸다. 그런데 항상 아이를 내버려두고(위험한 상황이 몇 번이나 있었는데도) 아무도 먹지 않는 만두만 계속 빚으셨다. 냉동실에 쌓여 있는 만두도 상당했다. 그리고 저녁이 되어 일과가 끝나면 뽕짝처럼 요란한 음악을 틀어 집안에 울리게 했다. 참고 참다 내가 미칠 것 같았다. 사람이 마음에 들지 않으니 이미 알고 고용했지만, 특유의 말투조차도 거슬리기 시작했다. 우리가 편해지자고 사람을 썼는데 오히려 우리를 더 불편하게 했다. 그런데 그분이 먼저 아이 둘은 못 키우겠다며 다른 사람을 알아보라고 했다. 그렇게 첫 번째 돌보미를 보내고 나는 한국인으로 사람을 알아보기 시작했다. 구인 사이트에 올려보고, 동네에서 해주실 수 있는 분들도 찾아보았다. 어렵게 사람을 구했는데 며칠 하다가 몸이 안 좋다고 하시거나 당일 날 안 나오는 분도 있었다. 나는 점점 예민해지고 불안해지기 시작했다.

'아…. 이렇게 회사를 그만두게 되는 건가?'

❸ 아이돌보미 선생님(첫째, 둘째 4년/시간제+종일제)

마지막까지 찾고 찾다가 국가에서 지원하는 아이돌보미를 알게 되었다. 두 아이에 워킹맘이라 그런지 대기 순번이 그리 길지 않았다. 간절한 심정으로 하루하루를 기다렸다. 그렇게 기다리다 드디어 선생님이 배정되었고 지금까지 우리 아이들을 돌봐주고 계신다.

나는 휴직기간 동안 하루에 2~3시간씩 선생님이 집에 오시면 내가 함께 있으면서 아이들에게 안심해도 좋다는 것을 알려 주었다. 처음에는 선생님이 계셔도 큰 애는 내가 있는 방에 들락날락하더니 나중에 선생님과의 애착관계가 형성되자 나를 찾는 횟수도 줄고, 어느 날은 내가 외출해도 신경 쓰지 않았다. 선생님이 큰 아이를 돌봐주시는 동안 나는 온전히 둘째에게 집중할 수 있었다(수유도 하고 잘 재울 수 있게 되었다). 선생님이 큰 아이에게 온전히 집중해서 만들기, 클레이, 찢기 등 다양한 놀이를 준비해 주셔서 아이는 나랑 노는 것보다 심지어 더 좋아했다. 둘째가 어느 정도 컸을 때는 둘째를 맡기고 큰 아이를 데리고 나가서 둘만의 데이트를 즐겼다. 큰 아이와 단둘이 있을 때는 모든 것을 큰 아이에게 맞춰주었다. 엄마와의 좋은 추억, 엄마의 사랑을 마음껏 느낄 수 있도록 했다. 그렇게 두 아이의 육아는 점점 안정되기 시작했다.

❹ 어린이집(첫째 5개월)

그런데 우리 부부에게 다시 암흑기가 찾아왔다. 당시 선생님은 교대로 한 아이만 봐주셨고, 복직 후 선생님께 아이 두 명을 맡기기에 무리가 있다고 생각했다. 부모도 둘을 한꺼번에 보기 힘든데 선생님께 둘을 맡기기가 죄송스러웠다. 큰 애를 잠깐이라도 어린이집에 맡기기로 하고 다행히 한 자리가 있어 들어가게 되었는데 그때부터 암흑기가 시작되었다.

어린이집 첫날. 나는 아이와 어린이집에 들어가서 30분가량 같이 있었다. 처음에는 새로운 장난감에 호기심을 보이고 이것저것 새로운 것들에 관심을 가져서 내심 안심했다. 이틀이 지나고 삼 일째 되는 날부터는 어린이집에 가기 싫다고 했다. 어린이집은 매일 가는 곳이라고 좋게 타일렀지만 갈수록 심하게 거부하여 어떤 날은 화를 낸 적도 있다. 평소에 말을 하면 잘 알아듣는 아이였기 때문에 나는 더 화가 났다.

"다른 애들은 다 잘 다니는데 너는 왜 그래?" 이렇게 심한 말을 내뱉은 적도 있다.

아직도 그때를 생각하면 아이에게 정말 미안하고 나 자신이 밉다. 그렇게 우는 아이를 밀어 넣고 나는 바깥에서 아이의 울음소리가 멀어지기를 기다리다가 겨우 발걸음을 뗐다. 하루하루가 너무 힘들었다. 이렇게까지 싫다는 아이를 억지로 보내야 하나라는 생각이 들었다. 나는 몇 달 후 출근을 해야 했기에 다른 대안이 없었다. 그냥 아이가 적응하기를 기다리는 수밖에…. 시간이 지나면 나아질 거라고 생각했다. 그러던 어느 날 어린이집을 그만두게 되는 결정적인 순간이 찾아왔다. 그날도 어김없이 아침에 첫째는 어린이집에 들어가지 않겠다고 문 앞에서부터 몸을 밖으로 빼기 시작했다. 그런데 원장이 아닌 다른 선생님이 나에게 쏘아붙이듯이 말했다.

"우리 어린이집에 이런 애가 없는데! 얘는 왜 이래?"

물론 선생님도 힘이 들었을 것이다. 이해가 안 되는 것은 아니지만, 우리 애를 문제아 취급하고 쏘아붙이며 말하는 태도는 용납하기 힘들었다. 나는 그날로 5개월 만에 미련 없이 어린이집을 퇴소했다. 그리고 내 아이에게 미안했다. "분명 네가 어린이집을 안 가겠다고 하는 이유가 있었을 텐데 엄마는 이해해 주지 못하고 너를 몰아붙였구나. 정말 미안해."

아이에게 나쁘게 말하며 몰아붙인 나 자신이 미웠고, 우리 아이한테 그런 식으로 말한 선생님도 원망스럽고, 모든 상황에 화가나 엉엉 울었다. 머릿속이 다시 복잡해졌다. 어쩔 수 없이 돌보미 선생님께 염치 불고하고 부탁을 드렸다. 다행히 두 아이 모두에게 익숙하셨기 때문에 선생님께서 허락해 주셨다. 눈물이 날 정도로 감사하고 또 감사했다. 나는 아직도 우리 돌보미 선생님만 생각하면 너무 감사해서 눈물이 날 정도다. 그날부터 두 아이는 유치원에 가기 전까지 기관에 다니지 않고 종일 함께 시간을 보내게 된다. 하루 24시간 중 잠자는 시간만 빼고 종일 뒤집고 볶고 하는 우리 아이들은 놀기도 아주 잘 논다. 선생님과 셋이서 역할놀이를 했다가 물놀이를 했다가 신문지를 찢어서 온 천지에 던지고, 뒤집어쓰고 놀다가 지치면 영어 DVD도 본다. 종일 논다. 자기가 그때그때 하고 싶은 놀이를 하며 말이다. 내가 태어나서 가장 잘한 것 중 하나는 그때 어린이집을 억지로 보내지 않은 것이다.

물론 모든 아이에게 적용되는 상황은 아니다. 어떤 아이는 어린이집 가는 것을 너무 좋아하고 며칠 만에 기관에 적응하는 아이들도 있다. 또 어떤 조선족 시터 분은 한 가정에서 오랫동안 아이를 돌봐주시며 가족처럼 지내는 분도 계시다. 현재 상황에서 베스트 옵션을 찾아라. 어떻게 하는 것이 아이에게 가장 좋은 것인지 판단하고, 부모 입장에서 그 방법을 실행하기 위해 가장 편한 방법은 무엇인지 찾으면 된다.

  step

02

초급 단계

육아시스템을
'가동'합니다

✖ 육아휴직 1년, 책과 놀이만 있으면 된다

                              _왜 책육아를 하는가

❶ 맞벌이 부부, 책육아를 결심하다

  나는 책육아 맘이다. 아이러니하게도 나는 5세부터 고등학교 3학
년 때까지 15년간 학원 인생을 살았고, 학원에서 타인에 의해 주입
된 지식은 내 것이 되지 않았다. 공부가 즐겁지 않았다. 그래서 우
리 아이들은 책을 통해 스스로 깨달음을 얻고, 배움의 즐거움을 알
도록 해주고 싶었다. 내가 학창시절 직접 몸소 깨달았기 때문에 더
더욱 그렇다. 책육아로 천재를 만들겠다는 것이 아니다. 다만 억지
로 쑤셔 넣는 공부는 하지 않았으면 좋겠고, 흥미와 재미로 스스로
책을 통해 그렇게 지혜를 쌓았으면 좋겠다는 생각이다. 좋은 대학
에 들어가지 않아도 괜찮다. 자기 생각과 하고 싶은 일이 있고, 당
당하게 살고 인생에 행복을 느끼며 살면 된다. 지식보다는 지혜가
있는 어른으로 성장했으면 좋겠다. 내가 우리 아이들에게 해줄 수

                    II • 맞벌이 부부를 위한 맞춤육아   **153**

있는 것은 책과 친해지도록 옆에서 도와주는 것뿐이다.

➋ 첫째, 출산휴가 3개월 후 복직

첫째를 낳고 나는 출산휴가 3개월 후에 바로 복직을 했다. 마음 같아서는 아이와 종일 집에 있으면서 재미있게 책과 익숙해지도록 해주고 싶었으나, 육아휴직이 자유롭지 않은 분위기에서는 내 마음 대로 할 수 있는 것이 아니었다. 나는 아침 8시에 출근하고 저녁 9~10시가 되어야 퇴근한다. 종일 회사에 있는 워킹맘에게 출근 전 1시간과 퇴근 후 1시간은 아이들과 함께할 수 있는 유일한 시간이다. 그 시간을 정신없이 보내는 것이 아니라 책을 읽어주는 데 쓰기 위해 나는 더 부지런해지고, 똑똑하게 시간을 썼다. 아이를 친정에 맡길 때 아이가 좋아하는 책을 가방에 넣어 갔고, 3만 원 주고 산 정면 책꽂이도 염치 불고하고 친정 거실에 갖다 두었다. 출근 전 아이에게 온 정성을 다해 책을 읽어주고 그날 읽은 책을 일부러 거실 곳곳에 펼쳐두고 나왔다

'내가 출근해도 이 책을 보면 엄마와 함께 읽은 생각이 나겠지.'

그렇게 하루도 빠짐없이 책을 읽어주었고, 큰 애가 13개월이 되었을 때 둘째를 임신했다.

만삭의 몸으로 출산예정일까지 출근했지만, 아이에게 책 읽어주기를 멈추지 않았다. 책을 읽어주면서도 출근시간이 되면 아쉬움이 남았지만, 오히려 한정된 시간 덕분에 나는 그 시간에 최선을 다했

는지도 모른다.

[사진 13] 우리 아이들에게 책을 읽어주는 모습

❸ 둘째, 출산휴가 3개월+육아휴직 1년 후 복직

 둘째를 낳는 시점에 회사 분위기가 많이 바뀌었다. 육아휴직을 자유롭게 쓸 수 있게 되었다. 드디어 나도 육아휴직이라는 것을 쓰게 되었다. 1년 3개월 동안 아이와 하고 싶었던 것들의 목록을 써가며 설렘에 부풀었다. 하지만 산후조리원에서 둘째를 안고 집으로 돌아온 순간 모든 계획은 물거품이 되었다. 휴직과 동시에 나만 바라보고 있는 두 아이와 밥 짓기, 청소, 빨래 등 온갖 일들이 쌓여만 갔다. 모든 일이 한꺼번에 들이닥치자 나는 멘붕에 빠졌다.

 그렇다고 아이들에게 책 읽어주기를 포기할 수 없었다. 만사 제쳐두고 쉽게 책 읽어줄 수 있는 환경 만들기에 돌입했다. 벽이며 바닥이며 온 천지에 책이 뒹굴었다. 나는 둘째를 낳고 안 아픈 곳이 없었고 시간만 나면 아무 데나 누웠다. 누워서 손만 뻗으면 잡히는 책을 한 권 집어 들어 나에게 딱지처럼 달라붙는 두 아이에게 읽어주었다. 어느 때는 일부러 책을 소리 내어 읽으면 아이들이 귀신같이 내게 달려들었다. 책을 읽으라고 단 한 번도 내 입으로 얘기한 적이 없다. 책을 일부러 바닥에 펼쳐 놓고, 나 혼자 키득키득 거리며 동화구연을 하며 읽으면 어느새 내 양옆 어깨에 한 명씩 서서 내 이야기를 듣고 있다. 수시로 아이가 어디에 호기심이 있는지 파악하여 관련된 책을 구매해서 재미있게 읽어주면 되었다. 시간이 지날수록 아이들은 책의 재미에 빠져들었다. 혼자 읽기도 하고 나에게 읽어달라고 가져오기도 했다. 아이들이 책을 읽는 양은 기하급수적으로 늘기 시작했다.

물려받은 옷을 입힐지언정 책 사주는 데 드는 돈을 아낄 수는 없었다. 택배 상자가 도착해서 책을 꺼내자마자 그 자리에서 전권을 다 읽을 정도로 나의 전략은 성공이었다. 다행히 내가 휴직기간에 첫째가 책의 바다에 빠져, 3,500권이 넘는 책을 중고로 사들이며 새벽 2~3시까지 책을 읽어줄 수 있었다. 아이가 책의 바다에 빠진 것은 너무 기쁜 일이었지만 우리 부부의 체력은 점점 바닥이 나서 한동안 행복한 비명을 지르기도 했다.

[사진 14] 우리 아이들이 책을 읽는 모습

여의도 맞벌이 부부가 잘사는 법

_아이의 성장단계별 책육아 노하우

❶ 갓 태어났을 때

- 초점책, 보드북(사물, 도형, 동물 등), 사운드북

아이가 대부분 누워있기 때문에 아이의 기분이 좋아 보일 때마다 한 장 한 장 넘기며 그림을 보여줬다. 그림이 바뀔 때마다 아이가 신기해했다. 이 작은 아이도 그림이 바뀐 걸 인지하고 있구나! 토끼를 보여주면서 "이건 토끼야. 깡충깡충 뛰는 토끼야." 이렇게 같이 설명을 해주었다. 한 그림에서 너무 오래 끄는 것보다 짧게 설명하고 다른 그림으로 넘어가는 것이 좋다.

❷ 엎드리거나 기어 다닐 때

- 추천책 : 보드북, 병풍책, 사운드북

아이가 기어 다니고 엎드리면, 이때는 딱딱한 보드북이나 병풍책을 세워놓거나 펼쳐놓아 아이가 직접 만져보고 넘겨볼 수 있게 하면 좋다. 그리고 세워놓는 학습판도 다양한 놀이도구가 된다. 아이가 앉기 시작했을 때 앞에 세워두면 그림도 보고 글자도 보고 또 터널처럼 만들어서 그 속을 통과하게 할 수도 있다.

[사진 15] 엎드리거나 기어 다니는 시기 우리 아이의 책육아

이 시기에 이야기를 많이 해주면 아이의 언어발달에 좋다. 그래서 이 얘기, 저 얘기 하다 보면 더 이상 무슨 말을 해야 하나 소재가 떨어질 때가 많다. 그럴 때는 밖에 나가 보이는 사물을 얘기해주거나 동요나 음악을 틀고 따라 불러주는 것도 좋다. 아이가 어릴 때부터 영어도 한글만큼이나 친숙해질 수 있도록 영어동요를 많이 불러주었는데 내가 알고 있는 동요라고는 한글동요 밖에 없어서 영어동요 책을 구매해서 DVD 플레이어로 음악을 재생한 뒤, 아이를 아기 띠에 매고 음악에 맞춰 엉덩이를 토닥토닥 해주며 신나게 움직였다. 그래서 우리 아이들은 한글동요, 영어동요 구분 없이 어릴 때 들려준 동요를 너무나 좋아하고 지금도 불러달라고 한다. 그리고 엄마, 아빠가 만나게 된 이야기, 태교여행 가서 보낸 이야기, 아이를 낳은 순간 등 엄마가 행복했던 이야기를 해주었다.

사실 이 시기는 엄마가 체력적으로 아주 힘든 시기다. 수유도 해야 하고, 잠도 제대로 자지 못해 항상 피곤한 상태인데 말까지 하는 것은 매우 힘들다. 피곤하지만 다 시기라는 게 있다. 그 시기는 지나가면 되돌릴 수 없으니 꾹 참고 했다. 지금 생각해도 참 잘했다.

❸ 걷기 시작할 때

소리 나는 책은 여전히 좋아한다. 항상 영어책과 한글책은 동일 비율로 읽어준다. 억지로 비율을 맞추려고 하지 말고 그때그때 기분에 맞추되, 항상 의식하며 책을 고른다. 어릴 때부터 영어책은 영어로, 한글책은 한글로 읽어주면 나중에 이를 자연스럽게 받아들인다. 갓난아이였을 때는 토끼 그림을 보여줄 때 "토끼, 뤠빗(rabbit)." 이렇게 같이 말해주었다. 영어책이며 한글책이며 아이들이 좋아할 만한 책을 검색해서 중고로 산 다음 상자를 뜯어 그 자리에서 읽어주었다. 처음부터 학습적인 것으로 접근하려 하지 말고, 아이들의 흥미와 재미에 초점을 두고 책을 선택했으면 좋겠다. 나는 이때 아이들이 좋아하는 캐릭터는 일부러 영어책으로만 사기도 했다. 한글책이 없으니 영어책으로 읽어주면 좋아하는 캐릭터가 책에 나와 영어책도 거부감 없이 받아들였다. 그래서 그 당시 뽀로로와 코코몽은 영어로 된 책만 집에 있다. 아이들이 좋아하는 것은 영어로 보여줘도 그림을 보면서 이해하기 때문에 좋아한다.

표 21 우리 아이들이 좋아했던 책, DVD List

연령	한글책	영어책	영어 DVD
1~2세	신기한 한글나라 읽기 그림책	SPOT 시리즈	페파피그
	곰곰이 시리즈	씽투게더(영어동요책)	세쌍둥이
	푸름이 까꿍그림책	까이유	까이유
	리틀 차일드 애플	메이지	메이지
	추피 시리즈	뽀로로	코코몽
	까만 크레파스	코코몽	
	데이빗 시리즈	Hide and pick(단편)	
	단편	My body(단편)	
		Time to eat(단편)	
3~4세	구름빵	구름빵 영어	구름빵
	자동차그림책 타요타요	글뿌리 영어	맥스&루비
	모 윌렘스	ORT	달려라카카
	재키 시리즈	낸시홀 영어	밀리&몰리
	와우 부자가 최고야	삼성 그림책으로 영어시작	리틀아인슈타인
	찰리앤롤라	씽씽 잉글리시	리틀베어
	공룡유치원	First thousand words in english	올리비아
	꼬마생쥐 시리즈	스토리붐북	블루스클루스
	부릉부릉 쌩쌩 여러 가지 탈것	My first book	벤&홀리 리틀킹덤
	리틀생활과학 그림책	샤방샤방 잉글리시	찰리앤롤라
	스펀지 과학동화	맥스&루비 영어	베런스타인베어스
	매직스쿨버스(베이비)	리틀크리터	도라익스플로러
	쇠똥구리 과학그림책	디에고시리즈	티모시네유치원
	이야기 과학나라(노벨과 개미)	리틀프린세스	클리포드
	프뢰벨 수과학동화	DDOLYDDOLY english	립프로그
	수다쟁이 수학동화	잉글리시에그 픽쳐북	리틀프린세스
	오렌지 과학동화	찰리앤롤라	처깅턴
	내친구 마르틴		디에고
	첫지식그림책		마마미라벨의 동물극장
	심리감성동화		소방관샘
	원리가 보이는 과학		Word World
	개똥이 시리즈		나는 꼬마 셰프
	14마리의 시리즈		발명왕 에디슨의 비밀실험실
	달팽이 과학동화		
	명품꼬마 자연관찰		
	이슬이와 첫 심부름(단편)		
	은지와 푹신이(단편)		
	순이와 어린동생(단편)		

5~7세	월드픽처북	호리드헨리	호리드헨리
	무민 시리즈	삼성세계명작 영어동화	옥토넛
	구리랑구라	잉글리시에그 스토리북	SID the science kid
	개구쟁이 특공대	올리비아	수퍼와이
	바다탐험대 옥토넛	아서시리즈	스머프
	꼬마과학자	공룡유치원 스토리북	정글북
	매직스쿨버스	Fly Guy&Fly Guy Presents	포켓몬스터
	포켓몬스터	Spot스토리북	핸디매니
	리틀아인슈타인	Dragon Tales 리더스북	신기한 스쿨버스
	샘의 신나는 과학	포켓몬 어드벤처 리더스북	아서시리스
	디즈니자이언트명작시리즈	Little Miss 시리즈	트리푸톰
	신기한 생활탐구동화		제로니모스틸턴
	EQ의 천재들		삐삐롱스타킹
	고녀석 맛있겠다		엘로이즈
	핀두스 시리즈		the way things work
	바바파파		더캣인더햇
	마녀위니		Horrible History
	쿵쿵쿵 공룡세상		EQ의 천재들
	호야호야의 옛 이야기		코니
	바무와 게로		신나는 사이버 수학세상
	곰돌이푸우의 생활 교육동화		
	통큰 인물이야기		
	솔루토이 전집		
	WHY 시리즈		
	애니메이션 세계명작동화		
	미네르바		

_놀이 하나로 최고의 부모 되기

❶ 아이들에게 왜 놀이가 중요한가

　나는 어릴 때부터 노는 것을 좋아했다. 밤늦게까지 뛰어다니며 놀아도 부족했다. 억지로 학원에 가서 앉아 있어도 놀고 싶은 생각 뿐이었다. 그런 상태로 학원에 앉아 있는 게 무슨 의미가 있을까?

공부하는 것도 아니요, 노는 것도 아니요 이도 저도 아닐 바에야 차라리 그 시간에 노는 것이 낫다. 나는 어렸을 때 맘 편히 놀지 못했다. 부모님을 원망하는 것은 아니지만, 어린 나이에 너무 놀고 싶은데 학원을 빠지면 부모님께 혼나기 때문에 엄마 몰래 학원을 빠지고 놀다가 집에 가서 학원에 다녀왔다고 거짓말을 한 적이 있다. 부모님이 그것을 모를 리가 있겠는가? 호되게 혼난 이후로 학원에 가서 앉아 있기는 했어도 그것이 내 공부가 되지는 않았다. 어릴 적 마음껏 놀지 못한 한이 내게 남아 있는지 종일 학원에 사는 요즘 아이들을 보면 가슴이 아프다. 우리 아이들을 억지로 학원 보내는 일은 없을 것이고 그만 놀겠다고 할 때까지 놀게 할 생각이다. 놀이에서의 관건은 아이가 어떤 놀이를 하도록 이끌고 갈 것인지가 부모의 역할이다. 놀이도 공부다.

❷ 맞벌이 부부를 위한 맞춤 놀이 제안

O기본 준비물(아이들 책상에 상시 비치, 떨어지면 바로 채워놓는다)

색종이, 가위, 풀, 스케치북, 색연필, 크레파스, 스카치테이프, 자, A4용지, 수수깡, 드라이버, 나무젓가락, 종이컵, 빨대, 자석

O잘 갖고 노는 장난감

클레이, 모래놀이, 블록(미니, 맥포머스, 아이링고 등), 역할놀이(인형), 비즈

○돈 주고도 못 사는 장난감(생기면 버리지 않는다)

택배 상자, 우유곽, 휴지심, 계란곽, 뽁뽁이, 도시락통, 담요, 페트병, 신문지, 쌀, 콩, 아이깨끗해(장난감보다 좋아한다), 풍선+공기주입기

○연령대별 추천 놀이

ㄱ. 2~3세

☆신문지 : 신문지 찢기, 신문지 들고 주먹으로 쳐서 구멍 내기, 신문지 더미에 파묻히기

☆쌀/콩, 도시락통, 페트병 : 페트병에 쌀/콩 담아서 흔들기, 도시락통에 구분해서 담기

☆대야, 아이깨끗해 : 아이깨끗해 물에 풀어서 놀기, 대야에 장난감 띄워서 놀기

☆인형(역할놀이), 담요 : 의자에 담요 씌워서 미니 하우스 만들기, 인형으로 역할놀이(의사/간호사/경찰 등)

[사진 16] 2~3세 시기의 추천 놀이

ㄴ. 4~7세

☆클레이 : 과일, 야채, 반지, 팔찌 만들기 등

☆모래/밀가루 놀이 : 성 쌓기, 공 만들기, 모양틀로 찍어내기

☆블록 : 건축물 만들기, 탈것, 비행기, 동물 만들기 등

☆역할놀이 : 2~3세 때보다 더 고차원적인 대화와 상황 설정으로
　　이어짐

☆택배 상자 : 탱크, 집, 보물 상자, 자동차

☆우유곽/휴지심 : 로켓, 나무, 사탕 등

☆계란곽 : 주얼리 상자, 비즈 통

☆뽁뽁이 : 밟아서 터트리기 놀이

[사진 17] 4~7세 사이의 추천 놀이

✖ 복직 후, 시간과 체력을 단축할 Easy 시스템 구축

_맞벌이 부부를 위한 Easy 시스템 구축

이제 슬슬 복직할 시간이 다가온다. 이미 회사에 다니고 있다고
해도 반드시 참고하라. 아이 맡길 곳을 정했다면 내가 회사에 있는
동안 집안일에 신경 쓰지 않아도 아이들이 안정적으로 생활할 수

있는 시스템을 만들어야 한다. 초기에 시스템만 잘 만들어 놓으면 회사에서는 직장인으로서, 가정에서는 엄마로서 역할에 충실할 수 있다. 만약 시스템이 복잡했다면 나는 애초에 시도하지도 않았다. 안 그래도 복잡한 세상. 무엇을 더 복잡하게 만들겠다는 것인가! 맞벌이 부부는 하루 일과를 최대한 단순하게 만드는 것이 포인트다.

❶ 맞벌이 부부의 하루 일과표 적어보기

ㄱ. 하루 일과를 나열하여 적어본다.

ㄴ. 하루 일과표에서 가장 바쁘고 힘든 시간대를 찾는다.

ㄷ. 개선방법을 찾는다(불필요과정 제거 또는 기상 시간 변경 등).

ㄹ. 개선방법을 적용하여 생활해본다.

ㅁ. 개선사항이 없을 때까지 ㄴ~ㄹ의 과정을 되풀이한다.

ㅂ. 시스템을 정착시킨다.

ㅅ. 도식화하여 냉장고에 붙여두고, 공유한다.

표 22 우리 부부의 하루 일과표 예시

6:00 기상하여 아이들 아침/점심/저녁 준비, 집안 정리 등

6:45 아이들이 전날 저녁에 본 DVD를 소리만 재생

7:00 아이들 기상 후 아침식사

7:40 첫째 스스로 등원 준비(양치, 세수, 옷 입기)

7:45 둘째와 책읽기, 첫째 등원준비 완료 후 책읽기 합류

8:20 돌보미 선생님 오심

8:25 출근준비

9:00 첫째 등원시키고 출근

15:00 첫째 하원(돌보미 선생님과 둘째가 픽업 후 집에서 놀이)

19:00 아이들 DVD 시청(★딱 한 시간만 허용됨)

20:15 남편 퇴근

20:35 아빠와 아이들 베드타임 스토리 시작

21:00 엄마 퇴근(아내 퇴근은 21~22시 30분 사이)

21:30 엄마와 교대하여 아이들 베드타임 스토리 시작

22:30 아이들 취침

22:35 아이들 다음날 세 끼 식사 메뉴준비

22:45 남편과 아내의 자유 시간(독서, 대화)

우리 부부에게 가장 바쁘고 힘든 시간대는 아침 6~7시 사이의 시간이었다. 한 시간 내에 아이들 식사준비에 집안 정리까지 하려니 몸이 열 개라도 부족한 상황이었다. 그러다 보니 아이들이 일어나도 웃음으로 맞이해 줄 마음의 여유가 없었다. 돌보미 선생님이 오시기 전까지 아이들 아침식사 후 설거지, 등원준비까지 마쳐야 했기 때문에 아이들이 일어나는 순간부터 아침밥을 빨리 먹으라고 재촉하기 시작했다.

맞벌이 부부의 자녀는 안 그래도 부모와의 시간이 적은데 아이와의 한정된 시간을 그렇게 허둥지둥 보낼 수는 없었다. 일단 기상 시간을 5시 45분으로 당겼다. 그리고 신랑이 아이들 점심, 저녁을 만들고 먼저 출근하면 나는 설거지와 아침식사 준비를 세팅했다. 신랑이 시험공부로 도와주지 못할 때는 기상 시간을 좀 더 앞으로 당겼고, 익숙해지자 속도가 더 빨라지기 시작했다. 날이 갈수록 준비하는 속도가 빨라졌다. 그러다 보니 아이들이 기상하기 전에 모든 준비가 완료되었고, 오히려 내 시간까지 생기게 되었다. 그래서 커피를 마시며 책을 읽을 수 있는 여유가 주어졌다.

책을 보다가 아이들이 일어나면 책읽기를 멈추고 그 자리에서 일어나 아이들을 안아주었다. 맞벌이 부부가 조금 부지런해지고 나눠서 일 한 것뿐인데 그 하나로 아이들과 아침을 맞이하는 시간이 완전히 바뀌게 된 것이다. 게다가 아이들이 일어나기 전 독서를 통해 온전히 나만의 시간을 누리는 기쁨을 깨달으며 일찍 일어나서 피곤한 게 아니라 오히려 더 활력이 샘솟게 되었다. 그렇게 첫 번째 개선은 우리 부부에게 큰 성공이었다.

그런데 문제는 아이가 아침밥을 먹는 데서 또 나타났다. 돌보미 선생님이 오시기 전에 아침밥을 먹고 등원준비를 하고 나는 설거지를 마쳐야 하는데 아이가 아침밥을 입에 물고만 있는 것이다. 밥을 억지로 입에 넣을 수 있는 것도 아니고, 하루 세끼 중 한 끼라도 부모가 있을 때 챙겨 먹이고 싶었는데 쉽지가 않았다. 아침마다 밥 먹이는 것으로 실랑이가 시작되자 나는 또다시 방법을 찾기 시작했다. 도대체 어떻게 하면 아이가 아침밥을 잘 먹도록 할 수 있을까? 사실 정답은 아주 쉽다. 아이가 좋아하는 음식을 주면 되는 것이었다. 그렇다고 불량 식품을 먹일 수는 없었기에 아이와의 적절한 타협을 통해 방법을 찾게 되었다(아래 타협내용이 나오니 참고하자). 아이에게 아침밥을 먹이는 문제까지 해결되면서 더 이상 우리 부부에게 바쁘고 힘든 시간대는 사라지게 되었다.

작고 사소한 차이가 엄청나게 큰 변화를 이루게 되었다. 나는 맞벌이 부부에게 이 방법을 적극적으로 추천한다. 당신의 일과에서도 일을 나눠서 하거나 불필요한 과정을 생략함으로써 이전과는 완전히 다른 하루를 맞이하게 될 것이다. 개선작업을 반복하는 과정을 통해 시스템이 정착되면 하루 일과표를 냉장고에 붙어둔다. 그리고 일과표에서 중요한 사항들에는 붉은색이나 형광펜으로 표시하고 따로 메모해둔다. 예를 들어, 아이들이 DVD를 하루에 한 시간만 봐야 한다면 19~20시 아이들 DVD 시청(★ 딱 한 시간만 허용됨)이라고 눈에 띄는 표기를 해두길 바란다.

● 아침밥 먹는 데 종일 걸리는 아이

아침에 일어나면 입맛이 없다. 어른도 그런데 아이들은 오죽하랴. 그런데 먹기 싫은 음식까지 놓여있다면 어떨까? 밥을 입에 물고 있거나 세월아 네월아 입에 오물거리고 있을 것이다. 엄마는 출근 시간을 맞추려면 마음이 급한데 아이는 너무나 태평하다. 그 상황에서 아이에게 밥을 빨리 먹으라고 재촉하면 아이는 식사에 대한 부담감이 생기고 음식 자체를 즐기기 힘들어진다. 이런 상황이 자주 반복되면 부모와 아이 사이의 관계까지 틀어질 수 있다. 사소한 일 같지만 말이다.

나는 전날 아이에게 다음날 아침식사로 무엇을 먹고 싶은지 물어보았다. 아이는 그날그날 다른 메뉴를 얘기해 주었고, 아이가 원하는 메뉴를 준비해 주면 재촉하지 않아도 스스로 잘 먹었다. 그리고 아이가 먹는 음식의 영양 균형을 고려하여 식사할 때 영양과 관련된 동화책을 읽어주며 음식을 골고루 먹는 것이 얼마나 중요한지 책을 통해서 일깨워주었다. 그래서 일주일 중 2~3일은 아이가 원하는 메뉴로 준비해주고(팬케이크, 계란 후라이, 시리얼 등 미리 이야기해주면 유기농으로 준비한다) 나머지 2~3일은 영양을 고려한 메뉴로 엄마가 준비하겠다고 서로 협의를 했다. 그 이후부터는 아침밥 먹기 전쟁이 일어나지 않게 되었다.

❷ Easy 시스템을 최대한 단순화하라
● 집안일에 목숨 걸지 마라
아이와 함께할 시간이 충분하다면 모르겠지만 맞벌이 부부는 아이와의 시간이 절대적으로 부족하다. 집안일하고 나서 힘들다고 아이에게 짜증 내지 말고 그 시간에 체력을 비축해서 아이에게 웃는 얼굴로 사랑을 베푸는 것이 중요하다. 아이가 커버리면 그 순간은 절대로 되돌릴 수 없다. 아이 크면 집안일할 시간은 남아돈다. 그 순간에 가장 중요한 것이 무엇인지 파악하라. 사실 집안일은 하고 싫어서 하는 것이 아니라 어질러져 있는 상황을 보는 것이 참기 힘들어서 일하게 되는 경우가 많다. 나는 집안일을 아이가 잠을 잘 때 하거나 바로 하지 않아도 되는 일이면 눈에 거슬려도 참고 아이들과 놀아주었다. 그리고 주말에 충분히 놀아주고 난 뒤 한 번에 몰아서 했다.

● 맞벌이 부부의 자녀에게 자녀의 독립성은 필수다

맞벌이 부부가 아침마다 전쟁인 이유는 아이가 어릴수록 챙겨야 하는 것이 많기 때문이다. 유치원에 들어가기 전까지는 생활습관을 기르는 단계여서 아이가 스스로 하도록 맡기면 시간도 오래 걸리고 그마저도 제대로 되어있지 않은 경우가 대부분이다. 출근 시간을 맞추기 위해 결국 엄마가 일일이 다 챙겨줘야 하고 몸이 열 개라도 모자란 상황이 된다. 하지만 이 단계에서 부모가 일일이 챙겨주는 습관을 들이면 초등학교 갈 때까지도 계속 챙겨줘야 하는 상황이 반복된다. 아이가 어릴 때일수록 시간이 오래 걸리더라도 조금 일찍 준비를 시작하여 여유를 갖고 아이를 기다려 주는 것이 중요하다. 아이가 최대한 스스로 해보도록 기다려주고 마지막에 안 되는 부분을 잘 설명하며 도와주면 된다. 스스로 하는 것이 몸에 밴 아이는 밥 먹기, 세수/양치, 옷 입기 등 혼자서도 잘한다. 엄마는 그 동안 출근준비를 하면 되니 갈수록 시간 여유는 충분해진다.

여외도 맞벌이 부부가 잘사는 법

● 아이가 독립적으로 할 수 있는 환경을 만들어 놓아라

맞벌이 부부는 자녀가 스스로 할 수 있는 집안 환경을 만들어야 한다. 아이 손에 닿는 위치에 옷을 걸어두고 아이가 원하는 옷을 스스로 꺼내 입을 수 있도록 옷걸이 높낮이를 조정한다. 또한, 아이가 시즌에 맞는 옷을 입을 수 있도록 옷을 바꿔주고 입어도 되는 옷만 옷걸이에 걸어두도록 한다(어떤 부모는 아이가 스스로 꺼내 입었는데 그 옷은 별로라고 다른 옷으로 갈아입었으면 좋겠다고 한다. 아이가 스스로 입었을 때는 칭찬을 해주고 다른 것도 스스로 할 수 있도록 격려해줘야 한다. 처음부터 입어도 되는 옷만 걸어두자). 아이가 크면 클수록 스스로 할 수 있는 것이 늘어난다. 스스로 하도록 도와주는 것이 부모의 역할이지 다 해주는 것이 부모 역할이 아니다. 첫째는 6살이지만 등원준비 하는 것은 물론이고 식사 후에 그릇을 싱크대에 갖다 두고, 더러워진 옷은 베란다 빨래통에 넣으며, 자기가 더럽힌 곳은 청소기로 청소까지 한다. 쌀을 씻고 밥솥에 밥을 하는 것도 알려주었다. 습관이 되면 더 잘하게 될 것이다. 아이는 자립심을 키우고 맞벌이 부부는 갈수록 여유가 생길 것이다.

[사진 18] 독립적으로 집안일을 하는 우리 아이의 모습

● 비상망을 구축하라

　모든 일이 계획대로만 돌아간다면 얼마나 좋겠는가? 하지만 아이를 키우다 보면 돌발 상황이 발생한다. 부부가 둘 다 야근을 해서 집에 늦는 경우, 아이가 아프거나 다치는 경우 등 예기치 못한 상황에 당황하지 않고 대체할 수 있는 대안을 마련해둬야 한다. 우리 부부는 둘 다 회사도 멀었고, 퇴근이 늦었기 때문에 아이가 어릴 때는 일부러 친정 근처로 이사를 해서 갑작스러운 상황에 대비했고, 아이가 크고 난 뒤 이사를 할 때도 친정과 너무 멀지 않은 곳으로 고려하였다. 그리고 아이를 봐주시는 분께도 미리 부탁을 드려서 돌발 상황에서도 차분하게 대처할 수 있었다.

　아이를 어린이집에 맡기는 경우는 선생님께 미리 부탁을 드리거나 그것이 불가능한 경우라면 집과 가까운 곳에 거주하는 분에게 바쁠 때 2~3시간 정도 맡겨서(주 1~2회) 평소 친분 있는 관계를 만들고 급한 경우 부탁을 하면 좋다(자녀가 이미 분가했거나 평소 일정이 없으신 분으로 하여 급한 경우 나오실 수 있는 분이어야 한다).

❸ 복직 전 시뮬레이션

　복직할 시간이 다가온다. 일 년 동안 부대끼고 살았던 아이들을 두고 회사에 나가려니 또 가슴이 쓰리다.

　"아… 그냥 회사를 그만둘까…."

　"아니, 이렇게 종일 집에서 애들만 보는 것은 나랑 맞지 않아…."

　하루에도 몇 번씩 고민하기가 일쑤였다. 집안일 걱정 없이 회사에서 일할 수 있는 시스템을 완성해두고 몇 주 전부터는 시뮬레이션에 들어갔다. 실제로 우리 부부는 출근하는 시간에 나가고 퇴근 시간에 맞춰 집에 들어왔다. 퇴근 후에는 신랑과 함께 아이들이 다음날 먹을 반찬 준비를 하고, 씻고 정리하는 등 일상에 맞추어 해보았다. 그리고 시뮬레이션을 하며 발생할 상황을 준비하고 보완해 나갔다. 불필요한 일들을 제거했고 시간이 오래 걸리는 일은 단축할 방법을 찾아서 개선하였다. 이렇게 준비를 해두니 복직을 앞두고 있어도 안심이 되었다.

❹ 아무도 알려주지 않는 워킹맘 복직 노하우

사회가 변화하고, 후배들이 육아휴직을 맘 편히 쓰기 시작한다. 첫째 때는 육아휴직도 아닌 출산휴가 3개월도 그다지 편치 않은 상황에서 아이를 낳으러 갔는데, 여성 진출이 늘어가고 사회 분위기가 바뀌면서 제도도 안정화 되어 임산부를 배려한 다양한 제도가 생겨나고 있다. 육아휴직 제도를 똑똑하게 사용하여 회사에서 손해 보지 말고, 아이와의 시간도 충분히 확보하자. 휴직하고 복직하는 시기에도 요령이 있다. 상황에 따라 잘 조율해서 들어가도록 하자.

● 인사평가 기준을 확인한다(복직한 해에 근무일수가 50% 이상이 되는가)

육아휴직 후 그다음 해에 복직하는데 어중간하게 들어가서 내년도 근무일수가 절반이 되지 않는 경우, 그해에 일을 하고도 고과가 날아가 버리게 된다. 한해를 평가 없이 그냥 일만 하는 셈이다(직장인에게 고과와 승진이 얼마나 중요한지는 잘 알 것이다).

나는 둘째를 2월에 출산하고 1년 3개월간의 육아휴직에 들어가니 복직시기가 다음 해 5월 말이 되었다. 우리 회사는 평가기간이 10월부터 다음해 10월까지라 내가 복직한 5월 말부터 일을 하면 단지 며칠의 차이로 평가기간 중 근무일수가 50%가 안 되어 그해의 고과가 날아가 버렸다. 예전에는 육아휴직 사례가 없다 보니 이런 것들조차 인사과에서 제대로 알지 못해 인사평가 시기가 되어서야 일방적인 통보를 했다. 나는 복직해서 왜 그렇게 열심히 일한 것인가. 이미 동기들보다 1년이 늦은 상황이라 죽어라 했지만 나는 도대체 무엇을 한 것인가. 이런 경우 육아휴직을 출산 전으로 당겨써서 복직 시기를 앞으로 당기면 근무일수에 문제가 없었을 것이다.

● 수시/정기인사 기간에 맞추어 복직한다

복직 시기를 수시인사나 정기인사가 있는 시기에 맞춰 들어가는 게 좋다. 휴직기간 내 자리에 누군가가 있는 경우 애매하게 들어가면 한 직무에 두 명이 있어 굉장히 불편한 상황이 된다. 막상 그 상황에 내가 있게 되면 생각보다 괴롭다.

그렇다면 이미 출산예정일과 육아휴직 기간은 정해져 있는데 어떻게 그 시기를 맞추느냐인데 나는 회사 일보다 우선 아이를 온전히 다 보는 게 중요하다면 기간을 다 채워 육아휴직을 하면 되고, 회사에서 불편한 상황을 피하고자 한다면 육아휴직 기간을 좀 줄여서 인사시기를 맞춰 복직하는 것이 좋다. 물론 아이를 보는 시간은 그만큼 줄어들 수 있겠지만 말이다. 아니면 정기인사 기간에 맞추어 복직 날짜를 정하고, 그 기간만큼 육아휴직을 아이가 태어나기 전부터 미리 당겨써서 태교에 집중할 수 있다. 그래서 각각의 상황을 사전에 잘 따져보고 결정하는 것이 좋다. 또한, 공무원이나 금융권에 있는 워킹맘은 육아휴직 기간이 길어서 나눠서 쓸 수 있는 상황이라면 아이가 태어나자마자 1년을 쓰고 나머지는 초등학교 입학 시기에 맞춰 쓰면 좋다.

● 워킹맘 복직 TIP

- 친한 동료에게 사무실 동태를 파악하라(인사이동, 내 직무를 누가, 어떻게 하고 있는지 등).

- 복직 일주일 전에 사무실에 간식을 들고 인사하러 간다(빈손으로 가지 마라. 공석기간 동안 직원들의 고생에 대한 감사의 표현).

- 후줄근한 애 엄마를 벗어나라(가장 티 나는 헤어, 네일아트부터 센스있는 옷차림)

- 아이와 관련된 중요사항을 타이핑해서 대체양육자가 알 수 있게 잘 보이는 곳에 붙인다(아이의 일과표/비상연락망/TV 시청 규정 등).

- 아이에게 엄마의 복직을 미리 알려주고, 관련 책(워킹맘 관련 유아도서)을 읽어준다.

✖ 출근 전 1시간, 엄마 향기

맞벌이 부부는 아이와 함께할 시간이 부족하다고 하지만 시간을 어떻게 보내느냐에 따라 아이와의 시간을 충분히 확보할 수 있으며, 한정된 시간을 제대로만 보내도 출근 전 30분이 3시간 이상의 가치가 있다. 어떻게 하면 아이들과 함께하는 시간을 늘릴 수 있을까?

_맞벌이 부부 아침 시간을 사수하라

❶ 전날 저녁에 최대한 준비해 둔다

- 아이들 식사 : 아이들과의 베드타임 스토리가 끝나면 다음 날 아이들 세 끼 식사 메뉴를 미리 준비해 둔다(조리는 당일 아침에 하고 메뉴만 세팅한다). 그리고 반찬은 세 칸짜리 반찬 통에 나누어 담아둔다.

- 아이들 간식 : 일자별로 다양하게 준비해 둔다(고구마, 감자, 삶은 달걀, 다양한 과일, 유기농 스낵 등). ※불량 식품은 모두 집에서 치운다.

아침에 바쁘지 않도록 준비를 철저히 해 놓으면, 아침에 준비를 마치고 시간이 남아서 커피를 마시며 책을 읽거나 이런저런 계획을 세울 수 있다.

❷ 당일 아침 아이들 기상 전 모든 준비를 마친다

아침식사는 식탁 위에 준비해 두고, 나머지 조리해 둔 점심, 저녁은 데워 먹일 수 있도록 냉장고에 넣어둔다(냉장고 맨 아래 칸은 점심, 가운데 칸은 저녁식사, 맨 위 칸은 간식을 넣어두고, 칸칸이 별도의 표시를 해둔다). 모든 준비를 마치고 나면 아이가 일어난 뒤 아이에게만 집중할 수 있다. 아이들이 일어나면 두 팔을 활짝 벌려 꼭 안아주고 뽀뽀해 주며 사랑한다고 말해준다. 부모가 조금 부지런해진 것뿐인데 하루의 시작은 차이가 엄청나다. 짜증으로 맞이할 것인가? 사랑으로 맞이할 것인가? 습관이 되면 힘들지 않다. 게다가 이 생활은 그리 오래 지속되지 않는다. 아이들이 클수록 일은 더욱 수월해지기 때문이다. 어릴 때뿐이라면 해 볼 만하지 않은가?

❸ 영어 DVD 소리가 들린다, 기상!

우리 집에는 DVD 플레이어가 거실 식탁에 1대, TV가 있는 방에 1대. 이렇게 2대가 있다.

나는 아이가 일어나기 15분 전부터 거실에 전날 아이들이 시청한 DVD를 소리로만 재생한다. 아이들은 DVD 소리를 들으며 슬슬 깨어나 침대에서 일어나 거실로 나온다. 아이에게 일어나라고 재촉하고 소리 지르지 않아도 아이가 스스로 일어났다. 거실로 나온 아이는 여전히 비몽사몽 상태지만 소리를 듣고 내용을 머릿속에 떠올리며 나에게 내용을 설명해 주기도 했다. 아이들과 아침식사 때도 책을 보거나 DVD 소리를 함께 들으며 식사를 했고 나는 일부러 재미있게 듣고 있는 척 연기를 하고 어느 때는 내용을 궁금해하기도 했다. 그러면 아이는 자기가 알고 있는 내용을 신나게 설명해 주었다.

❹ 출근 전 아이가 좋아하는 책을 거실과 방에 깔아두고 나온다

출근할 때는 거실에 있는 플레이어에 아이들이 좋아하는 영어 DVD를 끼워두고, 영어책과 한글책을 골고루 섞어서 거실과 책상 위에 펼쳐두고 나왔다. 재미있게 읽은 책, 아이의 현재 관심사와 관련된 책을 깔아둬야 스스로 들고 읽는다. 좋아하는 책이 아니면 아

무리 펼쳐놓아도 밟고 지나간다. 아이들은 놀면서도 DVD로 들은 내용을 선생님께 설명해주고 영어로 수시로 말했다고 하셨다. 우리 아이들은 저녁 6시부터 7시까지 한 시간 동안 영어 DVD를 본다. 돌보미 선생님께도 그 시간만큼은 꼭 지켜달라고 당부드렸고 잘 지켜주서서 너무 감사하다. 나는 퇴근을 하면 TV가 있는 방에 가서 아이들이 그날 본 DVD를 꺼내어 거실 DVD 플레이어에 옮겨 놓고, 다음날 모닝콜로 소리만(화면 없이) 재생시키면 되었다.

✖ 퇴근 후 1시간, 베드타임 스토리

대부분의 가정이 퇴근 후에 다 같이 TV를 시청하거나 아이를 재울 시간인데도 여전히 활동적으로 노는 경우가 있다. 물론 아이와의 놀이도 좋지만 재울 시간 전에 신체활동이 지속되면 아이의 취침시간이 늦춰지고, 다음 날 아이를 깨우는 것부터 전쟁이 된다. 주말에 충분히 신체놀이를 하고 출근하는 평일에는 책읽기로 편안한 분위기에 하루를 마무리하는 것이 좋다. 책 읽기도 놀이가 될 수 있다는 것을 잊지 말자.

[사진 19] 베드타임 스토리

여의도 맞벌이 부부가 잘사는 법

_가족이 하나 되는 행복한 저녁시간 만들기

O준비물 : 은은한 조명, 아이가 제일 좋아하는 책

퇴근하고 파김치 됐다고 핑계 대지 마라. 나는 새로운 근무지로 발령 이후 집에 오면 항상 저녁 9시, 당직이 있는 날은 10시 45분이 되어야 집에 도착했다. 다른 일은 만사 다 제쳐두고 베드타임 스토리를 가장 우선시했다. 베드타임 스토리 시간은 하루에 최소 1시간에서 2시간이다. 우리 가정에서 가장 중요한 시간이고 아이들이 태어난 순간부터 하루도 빠짐없이 6년간 계속해오고 있다. 신랑과 교대로 하면서 항상 에너지 넘치게 읽어주었고, 신랑이 시험공부로 도와주지 못할 때도 퇴근 후부터 최소 1~2시간은 꼭 책을 읽어주었다. 이 시간은 아이들에게 발끝에서부터 사랑을 표현하는 기회다. 사실 아이들에게 사랑한다고 적극적으로 표현하는 것도 중요하지만, 아이가 좋아하는 순간에 몰입할 수 있도록 도와주는 것도 중요하다. 베드타임 스토리 시간은 일상의 방해요소 없이 부모와 아이에게만 온전히 집중할 수 있는 시간이다. 우리 아이들은 베드타임 스토리 시간을 좋아한다. 아늑한 조명에 나란히 누워 각자 좋아하는 책을 골라온다. 나는 목소리도 바꾸고 오버도 하면서 적극적으로 읽어주면 아이들은 깔깔깔, 낄낄낄 너무나도 행복해한다. 우리 가족이 나란히 누워서 웃는 시간이 그렇게 행복할 수가 없다. 언젠가는 혼자 읽겠다고 하는 시간이 오겠지만, 그 전까지는 행복한 추억의 시간을 최대한 끌고 갈 예정이다. 그 시간에는 책의 내용에 맞추어 스킨십도 하고, 엉덩이도 조몰락거리고, 영어노래에 맞쳐 바디마사지를 해주면 계속해달라고 난리다. 그러다 슬슬 잠을 잘 시간이 다가오면 차분한 목소리로 낮추어 읽어준다. 그러면 살며시 잠이 들기 시작한다.

여행을 가도 가장 많은 짐을 차지하는 건 캐리어에 있는 베드타임 스토리 책이다. 어릴 때는 우리가 골라서 갔지만, 이제는 자기들이 읽고 싶은 책을 직접 골라서 넣을 정도로 습관이 되었다.

_책 읽어줄 때 아이와 밀당을 하라

책을 읽어줄 때 엄마의 욕심을 들키면 안 된다. 나는 아이들에게 책을 읽어줄 때 연애하듯 밀당을 했다.

> 😀😀 : "너희들, 오늘은 책 5권씩만 골라야 해. 더는 안 된다."
> 😀 : "더 읽고 싶은데…." (이런 말이 자동으로 나온다)
> 😀😀 : "오늘은 엄마가 몸이 좀 아프니 한 번씩 교대로 읽기로 하자."

아이들이 싫다고 하면 "그럼 특별히 오늘은 네가 한 권 읽어주고, 엄마가 세 권 읽어줄게."

이러면 흔쾌히 응한다. 그러면 아이가 책을 읽어주는 효과도 있다. 글자는 모르지만 그림을 보면서 한글책은 한글로, 영어책은 영어로 읽는다. 영작도 바로바로 나온다. 나는 일부러 과하게 칭찬하지 않고 일단 듣는다. 그러면 차분히 끝까지 읽는다. 신기할 뿐이다.

여외도 맞벌이 부부가 잘사는 법

육아시스템을
'업그레이드'할 시간입니다

✖ 맞벌이 부부의 자녀에게
교육보다 선행되어야 할 것은

사실 나는 표현에 약한 사람이다. 신랑에게도 "사랑해."라는 표현 한 번 제대로 한 적 없다.

어릴 때부터 과묵하다는 말을 듣고 자랐으며 내 감정을 밖으로 드러내는 데 익숙하지 않다. 드라마를 봐도 언니들은 펑펑 우는데 나는 슬퍼도 참았고 어떻게든 눈물을 보이지 않으려고 했다. 이런 내가 아이를 낳고 변했다. 우리 아이들에게만큼은 표현을 적극적으로 한다. 수시로 사랑한다고 말하고, 뽀뽀하고, 껴안고, 고맙다고 한다. 내가 일하는 동안 못다 한 사랑을 출근 전, 퇴근 후에 마음껏 퍼붓는다. 물론 아이의 상황에 따라서 하는 것이지 내가 좋다고 아이가 집중하고 있을 때 하면 아이는 싫어할 것이다. 나는 항상 상황을 주시했다가 치고 들어가는 전략을 세운다.

하지만 부모도 아이에게 화를 내는 상황이 분명 발생한다. 대화로 해결하고 넘어갈 수 있는 일이었는데도 아이에게 화를 내거나 소리를 지른 적이 있다. 그럴 때는 어김없이 내가 힘들었거나 잠을 제대로 자지 못한 날이다. 좀 더 너그럽게 말할 수 있었을 텐데 왜 그렇게 표현을 했을까 후회가 막심하다. 다음번에는 그렇게 말하지 말아야지 뉘우친다. 하지만 그 이전에 해야 할 것이 있다. 바로 아이와의 관계회복이다. 물론 이 단계를 그냥 지나쳐도 잊힐 수 있다. 하지만 서로의 상황을 이해하고 넘어가는 것은 굉장히 중요하다.

🧑 : "지호야, 아까 엄마가 밉게 말한 거 미안해."

☆이때 다른 말을 구구절절하게 하지 않는 것이 포인트(미안해로 끝나야 한다)

👦 : "엄마, 나도 밥 잘 안 먹어서 미안해."

🧑 : "응. 지호 네가 배가 별로 안 고팠구나. 그럼 먹을 만큼만 먹어도 돼."(가슴에 쌓여있던 화가 와르르 무너지며 다른 방식으로 문제를 해결하게 된다)

🧑 : "유치원 갈 시간이 다 돼가는데 늦으면 버스를 놓치면 걸어가야 하거든. 그래서 그런 거야."

👦 : "엄마, 고마워. 다음번엔 잘 먹을게."

이렇게 부드럽게 상황을 마무리하게 된다. 이런 과정을 거치면 아이가 사회에 나가서도 고맙다는 말, 미안하다는 말 그리고 상대방의 기분을 이해하고, 상황을 해결하는 능력을 기르게 된다. 워킹맘일수록 아이에게 모든 감정을 쏟아야 한다. 사랑하는 마음 충분히 더할 수 없을 때까지 충분히 베풀어라. 아이에게 마음의 양식이 된다.

부모와 아이의 관계가 충분한 사랑과 신뢰로 다져져 있다면 이제 다음 단계로 업그레이드할 시간이다. 바로 책을 통하여 부모와 아이가 서로 교감하고 정서적으로 안정된 육아를 하는 것이다. 하지만 중요한 것은 아이에게 책을 강요하면 안 된다는 것이다. 가랑비에 옷 젖듯이 조금씩 조금씩 책이 아이의 삶에 스며들어야 한다.

✖ 맞벌이 부부를 위한 '쉽고 편한 교육환경' 만들기

우리 집에는 한글책만큼이나 영어책이 많다. 그리고 한글책을 읽어준 것만큼 영어책도 읽어주었다. 얼마나 많은 양인지 우리 집에 있는 책을 보면 알 수 있을 것이다. 내가 영어책 읽어주기에 왜 이렇게 공을 들였냐 하면 아이가 한글책으로 우리말을 깨우친 것처럼 영어도 같은 방식으로 자연스럽게 깨우칠 것이라 믿었기 때문이다. 아주 쉬운 영어책부터 샀다. 특히 아이가 좋아하는 분야에 무조건 집중했다. 뽀로로를 좋아할 때는 뽀로로 영어책을 사서 읽히고, 자동차를 좋아할 때는 자동차와 관련된 영어책을 미친 듯이 찾아댔다. 이렇게 우리 아이들은 영어를 자기가 좋아하는 것과 관련된 책으로 시작했고 점점 그 범위를 넓혀나갔다. 그리고 하루에 1시간 주어지는 DVD 시청은 오직 영어만 가능했다. 처음부터 영어만 틀어줬기 때문에 당연하게 받아들였다. 1시간 동안 아이들은 DVD에 몰입했고, 그것 또한 아이의 관심사에 초점을 두고 구매했기 때문에 거부감이 전혀 없었다.

우리 부부는 집에서 TV를 보지 않는다. 가끔 보더라도 아이들이 잠든 후에 TV를 시청한다. 내가 출근을 하면 TV를 제어할 수가 없기 때문에 TV와 연결된 DVD 플레이어로만 재생이 되도록 해두었다. 물론 집에 있는 DVD는 모두 영어 버전이다. 요즘 여러 통신사에서 TV를 통해 유아영어 방송을 무료로 시청할 수 있지만, 그 채널을 찾는 과정에서 한글 프로그램이 노출될 수밖에 없기 때문에 아이가 어릴 때는 아예 배제했다. 아이들이 영어 DVD로 재미있게 본 시리즈는 영어책을 찾아서 구매했다. 영어책이라도 좋아하는 캐릭터가 책에 나오니 깜짝 놀라며 집중했다.

_맞벌이 부부를 위한 쉽고 편한 교육환경 만들기 준비물

❶ 책장

책이 별로 없다고 낮은 책장을 구매하기보다는 앞으로 책이 늘어날 것을 고려하여 큰 책장으로 사는 것이 공간 활용에 좋다.

나는 처음에 낮은 책장으로 구매했다가 아이가 클수록 책을 꽂을 공간이 부족해서 이후에는 큰 책장으로 구매했다. 큰 책장이라도 아이가 어릴 때는 낮은 칸의 책을 꺼내는 데 지장이 없고, 처음에 책이 별로 없다면 수납이나 장식용 칸으로 사용하다가 책이 늘어날 때마다 책으로 채우면 된다. 온라인을 통해서 구매하면 최고급 나무로 구매하지 않는 이상 가격도 비싸지 않다. 너무 싼 것으로 구매하면 나무가 틀어지거나 겉에 코팅이 벗겨지니 한샘이나 리바트 등 가구전문점에서 나오는 책장을 구매하는 것이 품질대비 가격도 거의 차이가 없고 AS가 편하다.

슬라이딩 책장은 보기에는 그럴듯해 보이나 아이가 어릴 때 위험하고, 앞으로 튀어나와 공간을 많이 차지하는데 그에 비해 수납력이 떨어진다. 회전 책장의 경우 책을 찾는 것도 불편하고 아이가 어릴 때는 모서리 부분이 위험하다. 책을 뺄 때마다 칸을 꽉 채우지 않으면 책이 쓰러지고 앞뒤 칸의 책들도 영향을 받아 불편했다.

유아기에는 책의 표지가 보이도록 꽂을 수 있는 전면 책장을 같이 활용하면 좋다. 어릴 때 잠깐 사용하는 것이니 부피가 크고 비싼 것보다 가격이 저렴하고 이동하기 쉬운 것이 좋다. 아이가 노는 곳에 슬쩍 전면 책장을 옮겨가며 좋아하는 책을 꽂아두면 스스로 책을 꺼내보고 흥미를 높일 수 있다.

❷ 책상

요즘 브랜드가 있는 아이들 책상 가격을 보고 굉장히 놀랐다. 우리 집 거실에 있는 책상은 3만 원짜리 2개를 붙여놓은 것이다. 길이가 길어 한쪽 책상에는 학용품을 나열해두면 아이들이 손쉽게 찾아 쓸 수 있고 맞은편 책상에는 두 아이가 나란히 앉아 만들기에 집중한다. 비싼 책상은 아이들이 낙서할까 조마조마 하지만, 저렴하게 구매한 책상이라 아이들이 낙서하거나 만들기를 하다가 더러워져도 전혀 부담이 없다. TV가 있는 방에도 책상을 하나 두었는데 DVD를 보다가 책상에서 책을 보기도 하고 갑자기 생각난 그리기나 만들기를 하기도 한다.

❸ 소파베드

아이들에게 책을 많이 읽어주고 싶은데 앉아서 읽어주면 몸이 쉽게 지치고 힘들었다. 거실에 소파베드를 8만 원에 구매해서 두었는데 푹신한 곳에 기대어 책을 읽어주니 몸이 편하여 4~5권은 더 읽어줄 수 있었다. 저렴한 가격에 아주 유용하게 썼다.

[사진 20] 소파베드

❹ DVD 플레이어/DVD 보관함/DVD 보관차트

IPC 7080 DVD 플레이어는 TV로도 볼 수 있고, 화면 없이 소리만 재생시킬 수도 있다.

DVD 보관함은 최대 120장까지 보관할 수 있고, DVD 보관차트는 DVD 표면이 보여 원하는 DVD를 쉽게 찾을 수 있다. DVD 보관차트를 거실에 하나 두어 소리만 재생용으로 사용하고, TV가 있는 방에도 하나 두어 아이들이 원하는 DVD를 고를 수 있게 하면 편리하다. 그리고 아이들이 클수록 DVD양도 늘어나기 때문에 DVD 보관함에 나머지 DVD를 보관하면서 수시로 DVD 보관차트에 있는 DVD를 새로운 것으로 교체해 주면 된다.

_맞벌이 부부를 위한 쉽고 편한 교육환경 가구 배치

❶ 거실 벽면

- 책장 + 소파베드(책장 앞) +전면책장(소파베드의 왼쪽 또는 오른쪽)

소파베드에 기대어 쉬고 있으면 아이들이 달려온다. 그때 팔만 뻗으면 닿는 책을 꺼내어 맘껏 읽어주면 된다.

❷ 거실 중앙

- 아이들용 긴 책상 두 개 + 유아의자 또는 푹신한 매트

긴 책상 두 개를 붙여서 한쪽 책상은 학용품용(스케치북, 색연필, 풀, 가위, 테이프 등)으로 사용하고, 한쪽 책상은 아이들 작업용(그리기, 자르기, 색칠하기, 책 읽기 등)으로 사용한다.

우리 집 거실에는 TV와 소파가 없다. 대신 거실 중앙에 긴 책상 두 개와 푹신한 매트 그리고 유아용 의자가 있다. 아이들이 자고 일어나서 나오면 바로 거실 중앙에 있는 의자에 가서 앉는다. 한동안 멍하니 앉아 내가 소리로만 재생시킨 DVD를 듣고 있다가 잠이 깨면 색칠하기, 자르기 등 놀이가 시작된다. 장난감보다 창의적인 놀이가 우선이 된다.

❸ 식탁

- 소리만 재생용 DVD(DVD 보관함)+아이책과 육아서를 담은 네모난 소쿠리

아이가 아침식사를 하는 동안 앞에 앉아서 옆에 놓인 책을 아무

거나 집어 들어 재미있게 읽어준다. 또는 전날 저녁에 본 DVD를 소리만 재생시켜서 함께 듣는다(아이가 먼저 이야기를 하지 않는 이상 일부러 무슨 내용인지 물어보지 말라. 단, 엄마 혼자 재미있게 듣는 척을 하거나 모르는 척 궁금한 연기를 한다. 그러면 아이도 더 집중해서 듣고 아는 내용을 말해준다).

육아서를 두는 이유는 아이가 책을 쉽게 집어 들도록 펼쳐두듯이 어른 또한 수시로 육아서를 읽어야 한다. 육아서를 읽음으로써 아이와 무의미하게 흘려보내는 시간이 얼마나 소중한 것인지 알게 된다.

❹ TV가 있는 방
- 화면 재생용 DVD + 겉면이 보이는 DVD 보관차트 + 책상 + 아이들 소파

TV가 있는 방에는 아이들 놀잇감을 두지 않았기 때문에 평상시에는 아이들이 잘 들어가지 않는다. 단, DVD 시청이 허용된 시간에는 온전히 집중할 수 있다. 때때로 TV가 있는 방에 놓인 책상에서 간식을 먹거나 만들기를 하며 DVD를 본다.

❺ 거실 유리문/남는 벽면
스케치북에 영어동요 가사를 적어 거실에서 자주 가고 잘 보이는 곳에 붙인다. 음악을 재생시키면 가사를 보면서 크게 따라 부른다. 핸드폰에 가사가 있는 경우 핸드폰을 계속 들여다보게 되므로 아이가 어릴수록 핸드폰은 전화를 걸고 받는 용도로만 쓰도록 한다.

남는 벽면에는 아이가 만든 작품을 전시하라. 첫 작품이 사소한 것이라도 칭찬해주고 잘 보이는 곳에 붙여준다. 아이는 작품을 보면서 칭찬받았던 것을 기억하고, 성취감을 느끼며 흥미를 갖게 되어 창의력 있는 활동을 더 즐기게 된다.

[사진 21] 우리 집 내부

_맞벌이 부부를 위한 영어책 사는 법

❶ 출근시간에 스마트폰으로 전집 검색하여 퇴근시간에 구매(1~2일 내 결정)

바쁜 맞벌이 부부는 방대한 양의 책 중에서 도대체 어느 것을 사야 할지, 우리 아이가 과연 그 책을 좋아할지 고민한다. 매번 서점이나 유교전(유아교육전)에 가서 일일이 따져보고 살 여유가 없고 설명을 들어도 판단하기가 쉽지 않다. 그런데 나의 경우는 이것저것 뭐 살지 고민하는 시간에 일단 유명한 출판사, 대중적으로 많이 팔린 책을 우선적으로 구매했다. 주변 엄마들을 보면 고민만 하고 정작 전집 한질 들이는 데 시간만 소비하는 경우를 많이 보았다. 고민만 하고 시간을 흘려보내는 대신, 나는 일단 사서 그 시간에 아이에게 최선을 다해 읽어주었다. 나의 판단이 잘못되지 않았기를 기대하면서, 일단 돈 주고 산책인데 아이가 재미있게 보았으면 하는 심정으로 동화 구연하듯 목소리도 바꿔가며 흥미를 느낄 수 있도록 읽어주었다. 내가 구매한 책을 아이가 좋아하고 잘 보면 신이 나서 다음 책 구매로 이어지게 된다. 고민만 하다 시간을 보내는 엄마와 일단 사서 읽어주는 엄마의 차이는 더욱 벌어지는 것이다.

물론 유명한 출판사, 많이 팔린 책이라고 해서 다 우리 아이에게 맞는다고는 할 수 없지만, 내 경험상 그렇지 않은 책을 샀을 때보다 좋아할 확률이 훨씬 높았다. 실패할 확률을 줄이는 방법으로 대중적인 반응과 내 아이의 책 읽기 성향 두 가지를 고려하여 구매를 결정한다.

대중적 반응 : 인지도 있는 출판사 / 판매량 순위 / 엄마들 후기 검색
+
내 아이 성향 : 그림체 / 글자 수 / 스토리 형식(설명형 또는 스토리형)

❷ 질(質)보다 양(量)

전집은 보통 20권에서 50권 이상의 책이다. 한 질 들여서 잘 읽으면 단편을 구매한 것보다 최소 20배 많은 양을 읽을 수 있다. 전집은 다양한 주제를 폭넓게 다루고 있기 때문에 우리 아이가 마음에 드는 전집을 반복해서 읽었다면 양적인 차이는 더욱 벌어지며 심지어 대부분의 전집은 질적으로도 뛰어나다!

그렇다면 한두 푼도 아닌 전집 비용을 어떻게 감당할까?

새 책 3권 사는 대신 중고로 전집 30권을 살 수 있다. 중고 책이라

여외도 맞벌이 부부가 잘사는 법

도 책을 받아보면 새 책이나 다름없이 깨끗하고 관리가 잘 되어있다. 유아 때는 책을 물고 찢고 하지만 클수록 내용 자체에 집중하기 때문에 책에 손상이 가는 경우가 거의 없다. 그래서 신생아에서 유아기는 단편 위주로 새 책을 구매하고 그 이후에는 전집 위주로 중고 책을 구매하면 좋다.

요즘 대부분의 엄마는 온라인 지역 맘 카페를 통해서 유치원, 학교, 학원 등에 대한 정보를 많이 얻는다. 그뿐만 아니라 온라인 지역 맘 카페는 중고 장터도 활성화되어 있어서 카페를 통하면 이사 가는 집에서 저렴하게 판매하는 책을 구매할 수 있다. 이사 가는 가정에서 내놓은 책은 보통 헐값에 내놓는 경우가 많기 때문에 검색해보고 평소 눈여겨보았던 책이거나 아이가 좋아할 책이라면 바로 구매를 희망하는 댓글이나 쪽지를 달아 사곤 했다.

단편 책은 아이와 서점 나들이를 갔을 때 구매하는 것이다. 일단 서점에 가서 아이들이 마음껏 책을 탐색할 수 있도록 돌아다니게 한다. 아이들은 펼쳐져 있는 책의 표지를 보고 마음에 들면 넘겨본다. 서점에 갔을 때는 부모가 골라준 책을 사기보다는 아이가 마음에 드는 책을 한 권이라도 꼭 사주었다(아이가 고른 책이 부모 마음에 들지 않더라도 서점가는 것에 흥미를 들일 수 있도록 반드시 사주어라. 어떤 경우는 종이접기 책을 사거나 너무 어려운 책을 사는 경우도 있었지만, 아이가 고른 책은 반드시 사주었다). 아이들은 직접 고른 책을 집에 와서도 애지중지 들고 다니며 보았고, 혹시 실패한 책이라도 다음번에 서점에 가면 책을 선택할 때 더욱 신중해질 수 있었다.

나는 아이들과 서점에 가기 전 미리 약속을 했다. 서점에 있는 장난감은 사줄 수 없고 대신 책은 특별히 한 권 사줄 수 있다고 말이다(반드시 선심 쓰며 사주듯이 말했다). 아이들은 장난감은 어차피 못 살 것을 알고 마음에 드는 책을 찾기 위해 열심히 서점을 탐색했다.

_맞벌이 부부를 위한 영어책 파는 법

❶ 책 사고 팔고 그만해라

우리 집에는 첫째가 태어날 때부터 읽은 책이 아직까지 집에 그대로 있다. 집안 벽면 곳곳이 남는 틈도 없이 다 책장으로 채워져 있다. 그것도 모자라 책이 바닥까지 쌓여 있는 상황이다. 첫째가 22개월일 때 둘째가 태어나서 그 책을 그대로 읽었고 남자아이와 여자아이 성향이 달라서 중간에 책을 더 구매하기도 했다. 둘째가 이제 4세라서 안 읽는 책도 있지만 팔지 않고 그대로 두고 있다. 집에 있는 아이들 책만 무려 4,000권이 넘는다!

대부분의 엄마가 아이가 잘 안 보는 책을 팔고 그 돈으로 다음 책을 구매하는 경우가 많다. 그런데 사고파는 과정 또한 바쁜 맞벌이 부부에게는 시간적, 정신적으로 상당한 소비다. 막상 팔려고 하니 아이가 책을 보겠다고 하는 경우도 있고, 대부분의 책이 부모와 아이가 함께 읽으며 추억이 담긴 소중한 책이기도 하다. 그리고 아이들이 잘 안보는 책이라고 해도 연령대가 맞지 않아서 안 보다가 나중에 반복해서 읽을 정도로 잘 보는 책도 상당하고 너무 쉬운 책이라서 팔았는데 아이가 나중에 한글 떼기에 쉬운 책이 필요해서 다시 사야 하는 경우도 있다. 처음에 조금 아끼겠다고 책을 되파는 것 보다 그 책을 질리도록 읽어주고 아이들이 어느 정도 성장하여 더 이상 보지 않을 때 팔아도 어차피 같은 돈을 받고 팔 수 있다. 결국, 더 많이 읽어주는 것이 더 남는 장사다!

❷ 너무 편한 중고 책 매매

나는 우리 집에 있는 4,000권이 넘는 책을 아이들이 더 이상 보지 않을 때까지 유지하다가 나중에 중고 책 매매 기관을 통해 한꺼번에 처분할 생각이다. 그렇게 하면 중고 책 매매 기관에서 집을 방문하여 책을 직접 수거해 간다. 시간과 체력 모두 아낄 수 있고 그때 들어오는 목돈도 상당할 것이다.

✖ 맞벌이 부부를 위한 영어몰입 3종 세트 : 「책+DVD+역할놀이」

_맞벌이 부부를 위한 맞춤형 영어교육법

맞벌이 부부의 시스템은 무조건 단순해야 한다. 무리한 목표는 잡지 말고 꾸준히 부담 없이 할 수 있는 선에서 하면 된다. 퇴근 후에는 체력이 바닥났고, 쉬는 날이면 긴장이 풀려서 그런지 몸이 더 아팠다. 우리 부부는 편한 환경이 아니었다면 아마 꾸준히 하지 못했을 것이다. 쉽고 편한 책 읽어주기 환경을 만들어 놓은 덕분에 아무 때나 누워서 손만 뻗어 닿는 책을 읽어주었고, 손가락 하나만 까딱해서 영어 DVD를 틀어두면 되었다. 그렇게 아이는 꾸준히 영어책을 보고, 영어 DVD를 통해서 다양한 표현을 자연스럽게 흡수

했다. 처음에는 몇몇 단어만 가끔 말하는 정도였다. 나는 조급해하거나 강요하지 않았다. 아이가 즐기고 재미있게 받아들이면 그걸로 충분했기 때문이다. 그런데 시간이 지날수록 아이가 짧은 문장을 자기도 모르게 말하고 있었다. 그때마다 나는 잘한다고 심하게 칭찬하지 않고, 영어로 응답해주었다. 우리말로 대화하듯이 자연스럽게 말이다. 내 문장에 잘못된 표현이 많았을 텐데 나는 영어를 매우 잘하는 것처럼 아이의 대화에 응했다(내가 뉴욕 어학연수 1년 동안 얻은 것이라고는 영어를 잘하는 것처럼 보이게 하는 리액션과 매일 썼던 표현을 유창하게 말하는 것뿐이다).

● 맞벌이 부부의 리액션

Oh my god!/You did it by yourself?/You are so amazing!/You are awesome/That's great!/I love you/How did you do that?

우리 부부는 일부러 첫째 아이 앞에서 영어로 말했다. 사실 우리 부부의 영어 실력도 기본적인 회화 정도밖에 되지 않는다. 그런데도 능청스럽게 말도 안 되는 영어를 뱉어냈다. 첫째 아이가 우리에게 왜 영어로 말하느냐고 물으면 엄마, 아빠는 영어로 대화하는 게 더 편하다고 했다(사실이 아니다). 처음에는 그림과 단어만 있는 영어책을 읽어주었고, 짧은 문장에서 점점 긴 문장으로 늘려가며 하루에 수십 권씩 읽어주었다. 시간이 지날수록 이해할 수 있는 단어와

여의도 맞벌이 부부가 잘사는 법

문장이 많아지고 우리 부부가 영어로 대화를 해도 아이는 이미 영어 DVD로 익숙해져 있던 터라 아무렇지 않게 받아들였다. 그렇게 아이가 우리 부부에게 영어로 얘기하는 것이 늘어나기 시작했고 그 표현은 날이 갈수록 발전했다. 내가 모르는 단어도 점점 늘어났고, 문장구조도 과거 시제부터 미래 시제까지 문법을 생각하지 않고 자연스럽게 말했다. 너무나 신기했다. 한글처럼 영어 알파벳 하나 제대로 가르친 적이 없고, 지금도 알파벳은 제대로 알지 못하지만, 영어도 우리말처럼 생각을 표현하고, 필요할 때 자신 있게 말할 수 있게 되었기 때문이다.

아이의 수준이 높아질수록 영어책도 아이에게 흥미가 있는 내용으로 계속 업그레이드시켜 주었다. 책 읽어주기와 영어 DVD 보여주기 2가지만 하루도 빠짐없이 했는데 정말 된다.

이제 첫째 아이는 나보다 영어를 잘한다. 그리고 문장을 자연스럽게 말하기 때문에 주변에 학원이나 학습지를 통해 배운 아이들같이 책 읽듯이 뚝뚝 끊어지는 듣기 애매한 영어를 하지도 않는다. 물론 아이에 따라 편차는 있겠지만 말이다. 어쨌건 나는 이 편한 교육에 굉장히 만족한다. 우리 아이들은 영어에 스트레스가 없다. 자연스럽게 흡수하듯이 영어를 알아갔고, 재미있는 영상물과 익사이팅한 책 읽기로 배웠기 때문이다.

_영어몰입 3종 세트 : 「책+DVD+역할놀이」

❶ 책에서 DVD로 이어가기

1단계 : 아이의 관심사를 파악한다(구름빵에 빠진 아이).

2단계 : 구름빵 영어책 +구름빵 영어 DVD 구매

3단계 : 구름빵 스티커 북으로 스케치북에 붙이기, 구름빵 만들기, 구름빵 인형으로 역할놀이

4단계 : 구름빵 공연 관람

❷ DVD에서 책으로 이어가기

1단계 : 디에고/도라 DVD 시리즈를 보여주니 잘 본다.

2단계 : 디에고/도라 영어책 구매

3단계 : 보드북, 픽쳐북 등을 다양하게 구매해서 읽어주었다. 아이가 캐릭터에 빠져있을 때 영어책을 보여주면 거부감 없이 받아들인다(혹시 아이가 한글책이 없냐고 물어보면 한글로 된 책은 나오지 않는다고 하면 된다). 낮에는 보드북을 종일 들고 다녔고, 픽쳐북은 베드타임 스토리로 읽어주면 집중하고 보았다.

4단계 : 역할놀이 하기

아이들은 자신이 DVD의 주인공이 되었다고 생각하고 역할놀이 하는 것을 즐겼다. 부모는 아이가 주인공이 되도록 옆에서 같이 역할놀이의 주변 인물이 되어주면 된다.

❸ DVD에서 타 카테고리로 관심 범위 확대하기

여의도 맞벌이 부부가 잘사는 법

1단계 : 리틀아인슈타인 DVD를 보여주니 잘 본다.

2단계 : 영어책이 없어서 한글책만 구매했다.

3단계 :아이가 리틀아인슈타인 DVD에 나온 스트라빈스키 〈불새〉 음악이 좋아 MP3에 넣고 듣고 다니고 싶다고 하여 6만 원짜리 소형기계에 음악을 내려받아 넣어주었다. 종일 클래식을 듣고 다닌다.

4단계 : 불새 음악과 관련된 어린이 명화 책을 검색해서 사주었다. 클래식 음악을 감상하고, 음악과 관련된 작곡가의 스토리까지 확장해주었다.

아이의 관심사를 끊임없이 주시하고 관심의 폭을 넓힐 수 있도록 새로운 것을 제시하라.

아이가 정말 좋아한 캐릭터는 앞의 '영어몰입 3종 Set'를 한 달에서 길면 6개월가량 쉬지 않고 반복한다. 충분히 놀았다고 생각되면 자연스레 다른 곳으로 호기심이 이동한다. 부모는 아이가 다음 호기심으로 넘어갈 시기가 언제쯤인지 유심히 관찰하고 있다가 적절한 시기에 새로운 것을 슬쩍 들이밀면 된다. 아직 현재 캐릭터에 완벽히 충족되지 않았다면 더 놀려고 할 것이고, 아니면 현재 캐릭터와 새로운 것을 병행하거나 아예 새로운 것으로 건너뛸 수도 있다. 적절한 시기에 치고 들어가면 된다. 아이가 하나에 빠지면 그것을 무한 반복하면서 시키지 않아도 자기 것으로 만든다. 책과 DVD를 수없이 반복하면서 나온 표현들을 자기 것으로 만들어 차고 넘치면 뱉어낸다. 놀다가 자기도 모르게 상황에 맞게 영어가 나오게 되는 것이다. 우리 아이들은 자기가 좋아하는 캐릭터로 재미있게 영어를 습득한다.

♥ 우리 집 부자간의 대화

👤 : "Actually salt is itself good for your health. But if you eat too much, it is very harmful for you."

🧒 : "Oh, I didn't know this tiny crystal makes people ill."

_맞벌이 부부를 위한 특별한 육아 Tip

❶ 아이와 함께하는 시간이 부족해도 아이의 순간순간을 기록으로 남겨라

아이가 어릴 때는 육아가 힘들어서 이 시기가 언제 끝나나 생각하지만, 아이는 생각보다 빨리 큰다. 일상에서의 순간을 기록과 함께 남겨라. 놀러 가서 찍은 사진은 많지만 맞벌이 부부가 자주 놀러 갈 수 있는 것도 아니고, 매일같이 출근하다 보면 일상에서의 사진은 더욱 부족할 수밖에 없다. 일상에서의 사진이 소중한 이유는 아이가 처음 걸었을 때의 순간과 그때 기분이 어땠는지 그리고 아이가 혼자서 밥을 먹기 시작했을 때 잔뜩 흘리고 얼굴에 묻히고 먹는 그런 사소한 순간을 사진으로 남겨두지 않으면 막상 시간이 지났을 때 희미한 기억밖에 남지 않기 때문이다. 그러나 그 순간을 사진과 함께 기록으로 남겨두면 신기하게도 생생하게 그 장면이 떠오를 것이다. 나중에 예전 사진을 보았을 때 우리 아이가 언제 이렇게 컸는지 놀라게 될 것이다.

그때 더 추억을 많이 남길 걸… 후회해도 되돌릴 수 없는 시간이다. 지금이라도 아이의 소중한 순간을 꼭 남겨라. 요즘에는 네이버 블로그나 카카오스토리 등 이미지와 기록을 함께 남길 수 있는 사이트가 잘 되어 있다. 출퇴근이나 쉬는 시간에 짬을 내어 얼마든지 기록할 수 있다. 시터분께 아이를 맡기는 경우라면 아이 사진 찍기를 부탁할 수도 있다.

❷ 아이한테 미안해할 상황을 만들지 마라

맞벌이 부부가 일하느라 대부분의 시간을 회사에서 보내다 보면 아이를 제대로 챙기지 못하는 상황이 발생할 수 있다. 예를 들어, 아이가 많이 아픈데 시터분께 맡기고 출근을 해야 한다거나, 유치원에서 중요한 행사가 있는데 갑작스레 일이 생겨 참석하지 못하는 경우 등이다.

이런 상황에서는 아이에게 미안하다는 표현을 충분히 해야 한다. 하지만 일하는 것 자체를 미안해할 필요는 없다. 일하는 것이 아이에게 잘못한 일도 아니고 엄마의 커리어와 가족을 위한 일이기에 당당하고 떳떳해야 한다. 나는 앞으로도 계속 워킹맘일 것이다. 나는 아이들에게 미안해하지 않는다. 오히려 우리 아이들은 나에게 항상 감사해야 한다. 부모가 일하면서도 최선을 다해 부모의 역할을 하고 있기 때문이다. 아이와의 시간에 최선을 다하고 있는지 한 번 되돌아보자. 그렇지 않아서 아이에게 항상 미안한 것이라면 앞으로 그런 상황을 만들지 말자.

❸ 맞벌이 부부일수록 아이에게 모든 사랑을 주되, 상황에 따라 엄격해야
한다

맞벌이 부부는 아이를 다른 사람에게 맡기는 시간이 길지만 그럴
수록 부모가 주도권을 쥐고 있어야 한다. 아이의 부모는 시터가 아
니고 부부다. 그렇게 되려면 아이를 세심하게 알고 바쁘더라도 아
이에게 충분한 관심을 가져야 한다. 그리고 아이에게도 흔들리지
말아야 한다. 아이에게 휘둘리는 상황이 되어서는 안 된다. 아이의
감정을 헤아려주고 충분한 사랑을 표현해야 하는 것은 맞지만 옳
고 그름, 허용되는 것과 안 되는 것의 상황에서는 절대로 흔들려서
는 안 된다. 그런 상황에서 아이가 떼를 쓸 때는 엄격하고 단호하게
말해야 한다. 사랑을 주어야 할 때와 엄격해야 할 때를 명확히 구
분하고 제대로 행동하자.

❹ 아이가 크는 동안 육아서를 손에서 놓지 마라

우리 집에는 육아서가 많다. 주변의 지인이 출산하면 집에 있는
책을 한 권씩 선물로 줬으니 그것까지 치면 100권은 족히 넘는다.
첫째가 6세이니 6년간 한 달에 1~2권씩 빠지지 않고 책을 구매했다
는 말이다. 태교부터 육아서를 읽기 시작했는데 사실 그때 육아서를
읽지 않았다면 나 또한 지금의 내공을 쌓기가 쉽지 않았을 것이다.

아무것도 모르는 예비 엄마 시절 태교여행을 가서 읽은 책을 통
해 아이가 태어나는 순간부터 부모의 역할이 굉장히 중요하다는
것을 깨달았다. 단순히 먹고 재우는 것이 다가 아니라 아이가 기분

좋을 때 사물의 이름을 알려주고 따뜻한 목소리로 자장가를 들려주어 편안하게 잠들 수 있도록 도와주며 엄마가 필요할 때 사랑으로 아이를 보듬어 주어야 한다. 아이는 그렇게 엄마를 통하여 세상을 터득하게 된다.

맞벌이 부부였던 우리는 아이가 태어나는 순간부터 복직을 염두에 두었고, 아이의 중요한 순간을 놓치기가 싫어 육아서를 통해 엄마가 아이의 성장 과정에 따라 해주어야 할 것을 알아갔다. 맞벌이 부부라 아이와 함께할 수 있는 시간도 상대적으로 적었고 초짜 부모의 미숙함도 있었지만, 상황을 불평하기보다는 현재의 상황에서 우리 부부가 아이들에게 최선을 다할 수 있는 상황을 만들도록 노력했다. 아이가 성장하면서 이해가 가지 않는 행동에 화가 치밀어 오르기도 했지만, 그 순간 감정에 휘둘리지 않고 아이에게 이성적으로 대할 수 있었던 것은 다름 아닌 육아서의 힘이었다. 아이가 왜 그렇게 행동을 한 것인지 아이 입장에서 생각해보고 무조건 윽박지르기보다는 아이의 입장을 이해해주고 상황에 따라 따뜻함과 엄격함을 병행하며 대화로 문제를 해결해 나갔다. 신뢰를 바탕으로 돈독해진 부모와 자식의 관계는 항상 사랑이 넘치고 아이가 성장할수록 가족의 화목은 더욱 돈독해질 것이다.

주변에 육아서 한 권 읽지 않고 아이를 키우는 부모를 보면 사실 같이 대화하기가 힘들다. 육아에 관심이 많다고 아이들 영어유치원, 놀이학교 그리고 온갖 사교육과 관련된 학원 정보는 알고 있으면서 정작 육아서는 손도 대지 않는다. 아이를 위한다고 좋은 학원을 보내주고 있지만 정작 아이의 얼굴은 행복하지 않다. 아이들 학원 알아보기 전에 육아서를 먼저 읽어라. 아이에게 정말 필요한 것이 무엇인지 알아야 부모가 올바른 방향으로 아이를 잘 기를 수 있다. 아이 키우면서 절대 육아서에서 손 떼지 마라.

_아이와의 갈등상황 해결법(사례 이야기)

주말에 아이들과 오랜만에 동물원에 다녀왔다. 요즘 좀 무리한 탓인지 바람 좀 쐬었다고 목도 아프고 두통이 너무나 심하다. 그런데 아프다고 말할 데가 없다. 아이들에게도, 회사에도 티를 낼 수 없는 워킹맘. 아픈 몸을 끌고 밤늦게 퇴근한 엄마를 문소리를 듣고 아이들이 마구 달려 나와서 안아준다. 눈물이 주르륵 흘렀는데 아이들에게 보이지 않게 닦고 웃으며 안아주었다.

다음날 출근 준비를 하는데 두 아이가 상자 하나를 두고 다툰다. 큰 애가 상자를 던졌다. 순간 화가 났다. 몸이 아프니 나의 감정도 제어가 안 된다.

"이지호! 방으로 들어와!"

첫째 아이가 나의 표정을 보고 순순히 방으로 들어왔다. 방문을 닫았다. 나는 숨을 한번 크게 들이쉬었다. 아이와 나, 이 방에 우리 둘만 있다. 나 자신과 한 약속이 있다. 아이를 혼내기 전에 마음이 내키지 않더라도 일단 꼭 안아주기로. 오늘도 그랬다. 물건 던지는 행동은 용납되지 않았고, 나도 화가 많이 난 상태여서 안아주고 싶은 마음은 없었다. 그래도 나는 나와의 약속을 지켰다. 일단 아이를 꼭 안아주었다. 역시나 매번 그랬지만 신기한 감정이다. 아이를 안아주는 순간 화가 누그러졌다.

🧒 : "지호가 많이 화가 났었구나…" 대화가 이렇게 이어졌다.

😊 : "응, 엄마. 지수가 분명히 상자 줬는데 다시 뺐었어…."

🧒 : "아…. 그랬구나. 지호 정말 속상했겠다. 엄마라도 화가 많이 났을 거야."

😊 : "응, 엄마." (눈물을 뚝뚝 흘린다)

🧒 : "엄마도 지호 심정 이해해. 그런데 지호가 물건 던지는 행동 은 하지 않았으면 좋겠어. 알겠지?"

😊 : "응."

이렇게 상황이 마무리되었다. 몸이 아프니 만사가 짜증 나고 힘 들었다. 하마터면 나의 감정에 휘둘려 아이에게 화를 냈으면 출근 해서도 내 마음이 편치 않았을 거다.

'화내지 말고 아이에게 잘 설명해주고 나올 걸…' 이렇게 후회하 고 미안해했을 것이다.

힘들수록 많이 안아주자. 기적 같은 일이 생긴다. 화로 가득했던 마음이 사랑으로 변한다.

상황이 전혀 다르게 해결된다. 미안해하고, 후회할 상황은 만들 지 말자. 아이에게 엄마는 이 세상의 전부다. 엄마가 출근하면 엄마 가 준 사랑으로 하루를 보낸다. 나는 오늘 나 자신에게 칭찬한다. '아픈데도 잘 참았어. 아이 꼭 안아준 것도 잘했어.'

현 상황에 불평하지 마라. 워킹맘과 전업맘을 구분 짓는 상황은 없다. 다만 시간을 어떻게 보내느냐의 차이만 있을 뿐. 맞벌이 부부나 전업맘이나 보통 5세 이후에는 유치원 등 기관에 보내거나 시터에게 맡기는 시간은 동일하다. 차이를 구별 짓는 것은 바로 나머지 시간이다. 워킹맘에게는 출근 전과 퇴근 후의 시간이고, 전업맘에게는 아이 하원 전과 하원 후의 시간이 그것이다. 워킹맘이라도 아이들과 함께 하는 시간을 가치 있게 썼다면, 적은 시간이라도 꾸준히 해왔다면 누구보다 잘 키울 수 있다.

❶ 한 권을 읽어주더라도 최선을 다해 재미있게 읽어주어라

책 읽어주기는 독백이 아니라 동화구연이다. 아이가 또 읽어달라고 해야 제대로 읽어준 것이다.

❷ 아이가 좋아하는 것에 완전히 몰입할 수 있도록 도와주어라

공룡에 빠진 아이에게 공룡책, 공룡 DVD, 공룡 역할놀이를 통하여 지식과 흥미를 연결해 준다.

❸ 아이를 끊임없이 관찰하여 관심 범위를 확대해 주어라

몰입이 끝날 무렵 다른 주제로 확장하여 몰입할 수 있도록 범위를 확대해 준다(공룡 → 자동차 → 인체 → 우주).

❹ 거실의 TV를 없애라

유혹하는 물건을 코앞에 두고 아이에게 자꾸 참으라고 하는 건 너무 가혹하다.

❺ 영어 DVD 외에 일반방송은 노출이 되지 않도록 막아라

외부입력으로 설정해 두고 연결된 DVD 플레이어로만 재생되도록 한다.

❻ 엄마가 영어를 못해도 리액션만 제대로 해주면 된다

내가 매일같이 영어를 꾸준히 한 것은 바로 일부 단어에 그치지 않는다(Oh! really?, amazing, fantastic, great, excellent 등 이 단어들을 무지하게 반복했다).

쉬운 문장은 아이에게 영어로 묻는다. 단, 아이에게 대답을 강요하지 않는다. DVD 소리를 들으며 "아. 그렇게 된 거구나!" 혼잣말한다. 그럼 아이도 집중해서 듣는다.

❼ 선의의 거짓말은 허용한다

"엄마, 아빠는 원래 영어로 대화해." "엄마와 아빠는 영어가 더 편해."

❽ 힘들거나 꾸준히 못 할 것 같으면 처음부터 시작하지 마라

내가 꾸준히 해줄 수 있는 것 하나만이라도 제대로 하면 된다. 맞벌이 부부는 안 그래도 힘든데 주말에 문화센터에 영어학원까지 데리고 다니는 것은 힘든일이다. 왔다갔다하는 시간에 영어책 다섯 권을 재미있게 읽어주는 게 훨씬 효과 있다. 시간, 체력, 기름값 절약!

❾ 아이의 수준에 맞게 책과 DVD를 업그레이드 해 준다

책 : 단어 → 짧은 문장 → 긴 문장

DVD : 쉬운 단어, 느린 속도 → 단어 확대, 중간 속도 → 일상

어휘와 대화 속도에 맞춰줌

❿ 꾸준함이 특별함을 이긴다

짧은 시간이라도 쌓이고 쌓이니 뱉어낸다. 조급해하지 말고 즐기며 기다려라. 부모가 욕심내지 않으면 아이는 잘 따라온다. 영어책을 못 읽어도 된다. 외국인과 대화하고 외국영화를 자막 없이 보고, 해외여행을 하는 데 불편함이 없으면 된다. 알파벳은 내가 읽어주다가 글자에 호기심을 갖고 알고 싶어 할 때 가르쳐 줄 예정이다. 알파벳을 깨달아 스스로 읽기 전까지는 아이와의 행복한 시간을 즐기며 꾸준히 읽어줄 것이다.

✖ 영어유치원 대신
외국에서 살아보기를 한다

우리 아이들이 영어시험을 잘 볼 필요 없다. 필요할 때 쓸 수 있는 영어, 이거 하나면 된다.

아이들이 어릴 때는 경주, 전주, 부산 등 국내여행을 다니고, 크면 해외로 넓혀 더 큰 세상을 경험할 수 있게 해주고 싶다. 그래서 나는 지금부터 돈을 현명하게 쓴다. 나중에 외국에 나가서 필요한 곳에 돈을 쓰기 위해서다. 나는 아이들이 해외에 나갔을 때 쓸 수 있는 영어를 했으면 좋겠다.

나는 초등학교 6년, 중학교 3년, 고등학교 3년, 총 정규과정 12년간 영어공부를 했어도 정작 외국인과 한 주제와 관련하여 심도 있는 대화가 불가능하다. 영어공부를 하면서 공부는 공부대로 스트레스받고 그렇다고 해서 유창하게 하지도 못할 바에야 좋아하는 것

여외도 맞벌이 부부가 잘사는 법

을 통해 즐기면서 배우고, 영어시험 점수는 좋지 않아도 되니 자기 생각을 표현할 수만 있으면 된다. 말 그대로 살아있는 영어 말이다. 나는 우리 아이들을 영어유치원에 보낼 생각이 없고, 커서도 영어학원 또한 보낼 생각이 없다. 평상시에는 지금 하는 것처럼 학습이 아니라 재미있는 책과 DVD를 통해 자연스럽게 언어를 알아가고 방학이 되면 영어권 국가에서 현지 사람들과 실제로 대화할 수 있는 환경을 만들어 주려고 한다.

_맞벌이 부부의 외국 살아보기 전략

● 아이가 어릴 때

- 휴가기간이 7일 이내 : 영어권 국가에 가서 현지 체험

휴양지가서 물놀이나 관광만 하고 오는 것이 아니라 마트에 가서 물건 사기, 음식 주문하기, 길 물어보기 등 그동안 집에서만 써온 영어를 현지에서 직접 사용한다.

- 휴가기간이 15일 이상 가능할 때 : 영어권 사립학교 스쿨링(미국 LA/뉴욕/하와이, 캐나다 등)

15일 이상(단기), 방학기간(장기) 동안 미국 학교에 입학하여 현지 학생들과 똑같이 수업을 받고 액티비티, 현장학습 체험을 할 수 있다. 단, 독립이 가능한 나이여야 하고 본인이 원한다고 할 때만 할 예정이다. 아이가 거절하면 휴가기간과 동일하게 현지 체험을 지속할 예정이다(국가를 바꿔가면서 말이다).

똑같이 해외에 나가지만 분명 차이가 존재한다. 어떤 가족은 해외에 가서 관광하고 물놀이만 하고 돌아오지만 어떤 가족은 해외

에 가서 현지 문화를 체험하고 그 나라 사람들은 어떤 음식을 먹고, 마트에서는 어떤 음식을 팔며 도서관에는 어떤 책들이 있고, 아이들이 놀이터에서 어떻게 노는지를 직접 체험하고 온다. 얼마 전 TV에서 탤런트 성동일 가족이 외국에 나가 현지학교 스쿨링을 하는 프로그램이 방영된 적이 있다. 안 그래도 계획하고 있던 터라 일부러 프로그램을 찾아서 관심 있게 지켜보았다. 해외에서 살아보기를 계획 중인 가정은 참고하면 좋다. 체험과 경험을 통해서 사고를 확장하고 다름의 차이를 인정하는 것 그리고 그것을 스스로 깨닫는 것이 중요하다.

영어만 배우러 가는 것이라면 오히려 국내 학원 프로그램이 잘되어 있다. 하지만 외국에 나가서 배우는 것은 비단 그것만이 아니다. 현지에서 그들의 삶을 공유하는 것이다. 그곳에 살면서 빨래방에 가서 빨래도 하고, 장도 보고, 주말에는 뮤지컬도 보고, 평소에는 박물관과 미술관에 가서 다양한 경험을 할 수 있다. 그런데 그 삶을 더 편하고 더 즐기려면 현지 언어를 잘하면 잘할수록 유리하고 편하다. 더 많은 것을 얻을 수 있다. 그래서 언어를 배우러 가지 말고, 언어를 어느 정도 습득한 뒤에 즐기러 가야 한다. 나는 아이들에게 외국에서 다양한 경험을 누리고 즐길 수 있도록 지금 국내에 있을 때 영어를 자연스럽게 배우도록 도와주는 것뿐이다.

우리 부부가 돈이 엄청나게 많아서 이렇게 하는 것이 아니다. 다만 남들이 영어유치원 보낼 때 우리 아이들은 사교육 하나 없이 두 아이 모두 책과 DVD만 있으면 되었다. 게다가 둘째 때는 첫째 때

사둔 책이 있어서 추가비용 또한 들지 않았다. 두 아이 모두 영어유치원을 보냈다면 비용이 어마어마하게 들었을 것이다. 아마 회사에서 욕먹으면서 힘들게 번 돈을 다 영어유치원에 쏟아붓고 있을 것이다. 그리고 엄청난 사교육비에 허덕이면서, 회사를 그만두고 싶어도 그만두지 못하고 족쇄처럼 끌려다니게 될지도 모른다. 사교육이 그렇게 무섭다. 나는 다만 남들과 다른 길을 갔을 뿐이다. 맞벌이 부부라고 사교육 없이 아이를 키우는 게 불가능할 것이라는 편견을 없애고 방법을 찾았을 뿐이다. 그런데 그 방법이 오히려 쉽고 나를 더 편하게 만들었다. 애들 학원 보낸다고 등 하원 픽업 선생님을 따로 써야 할 필요도 없었고, 애들을 이리저리 돌리면서 부모나 애나 모두 고생하도록 만들지도 않았다. 나가서 놀고 싶을 때 마음껏 놀고, 집에서 쉬고 싶을 때 쉬게 해줬을 뿐이다. 아이를 봐주시는 돌보미 선생님이나 우리 아이들이나 맞벌이 부부 모두가 편한 육아가 되었다. 두 아이를 돌보미 선생님께 맡기는 데 드는 비용도 영유에 비하면 훨씬 저렴하다. 그리고 사교육이라도 아이가 하고 싶은 것이 있다고 하면 그때 신중히 생각해서 해주면 된다. 나는 이제 영어유치원을 보내지 않고 차곡차곡 모아둔 돈으로 현지에서 직접 쓸 수 있는 영어를 하도록 할 것이다.

똑같이 돈을 벌고 똑같이 돈을 쓰지만 쓰는 방법과 쓰는 곳에 차이가 나고 그에 따른 효과도 분명히 차이가 날 것이다. 나는 아이들 사교육비로 허덕이지 않는다. 전혀 그럴 필요가 없다.

오히려 여유가 있어서 그 돈으로 즐길 수 있게 되었다. 외국 현지 체험까지 하면서 말이다. 놀랍지 않은가?

육아시스템에 '최적화' 되었습니다

✖ 육아가 너무 편한 맞벌이 부부

　나는 육아휴직을 마치고 복직한 지 2년이 지났다. 6세 첫째는 유치원에 다니고, 4세 둘째는 돌보미 선생님과 함께 책과 놀이로 하루를 보낸다. 육아하면서 가장 힘들었던 순간은 육아휴직에 들어간 1년 동안의 시간이었다. 그 시간은 일밖에 모르던 내가 첫째를 낳고 출산휴가 3개월 만에 복직하여 겉으로는 워킹맘이었지만 여전히 무늬만 엄마였던 시간이었다. 하지만 둘째를 낳고 육아휴직을 하면서 온전히 전업맘이 되었다. '엄마가 된다는 게 이렇게 힘든 거였구나!' 두 아이를 키우며 집안일과 육아를 병행하는 게 이 정도로 힘든 것인 줄은 상상도 못 한 일이었다. 나를 부모로 키워준 것은 다름 아닌 우리 두 아이였다.

　맞벌이 부부에게 육아휴직 1년은 황금보다 더 소중한 시간이다. 이 귀중한 시간을 어떻게 보내느냐에 따라 복직 후가 전쟁이 되느냐, 평화가 찾아오느냐의 갈림길로 나뉘게 된다. 육아휴직 1년의 시간은 아주 힘들었지만, 아이들과 가치 있는 시간을 보냈다면 그에 대한 대가는 반드시 찾아온다. 만약 내가 육아휴직 1년 동안 아이를 어린이집에 맡기고 오직 나만을 위한 시간으로 썼다면 나에게 이런 평화가 찾아오지 않았을 거라고 장담한다. 나의 육아휴직 1년은 오로지 책육아에 집중하는 시간이었다. 복직하고 나서도 책육아는 꾸준히 이어졌고 시간이 지날수록 육아가 쉬워졌다. 책육아로 키워진 두 아이는 놀다 지치면 털썩 주저앉아 책을 읽는다. 공부하라고 강요하지 않아도 스스로 책을 통해 배움을 얻고 즐거움을 느낀다. 내가 반복해서 말하지 않아도 해서는 안 될 행동과 위험한 행동을 책을 통해 깨닫고 남을 배려할 줄 아는 아이로 성장했다. 그리고 영어책과 영어 DVD를 통해 아무 때나 영어를 내뱉고, 자연스럽게 영어로 대화하는 것은 덤이다. 요즘은 워킹맘이 육아가 이렇게 편해도 되나 싶을 정도로 육아가 쉽다. 아이가 어릴 때 조금 고생하고 나중에 쭉 편할 것인가 아니면 지금 편하고 나중에 쭉 고생할 것인가? 현명한 선택을 하길 바란다.

요즘 워킹맘은 참 똑똑하다. 일도 잘하고 육아에도 관심이 많다. 정보력도 전업맘에 비해 절대 뒤지지 않는다. 워킹맘은 항상 바쁘고, 아이에게 미안함을 느끼는 것은 다 옛말이다. 대한민국의 워킹맘이여! 이제 당당해지자!

✖ 맞벌이 부부, 공부하는 가족

고3 수험생을 둔 가족도 아니고 6세, 4세 아이를 둔 가족이 매일 같이 공부를 한다?

그렇다. 우리 가족은 매일 공부한다. 남이 시켜서 하는 공부가 아니라 하고 싶어서 하는 공부를 한다. 그래서 매일 퇴근 후 이 시간이 기다려진다. 나는 어릴 때 공부가 그렇게도 재미없었다. 매일 놀고만 싶어 했던 아이였다. 억지로 내 머릿속에 쑤셔 넣은 지식은 지금 내 머릿속에서 사라진 지 오래다. 수년간 책상에 앉아서 공부했던 그 지식이 왜 내 머릿속에 남아 있지 않고 사라진 것일까? 암기식, 주입식으로 한 공부는 시험이 끝남과 동시에 자기도 모르게 사라지지만, 내가 궁금하고, 알고 싶고, 재미있어서 한 공부는 머릿속에서 사라지지 않는다.

우리는 아이들에게 공부하라는 말을 하지 않는다. 물론 책을 읽으라는 말도 하지 않는다. 다만 그렇게 할 수 있는 환경을 만들어줄 뿐이다. 우리 부부가 아이들 보라고 일부러 책을 읽는 것도 아니다. 다만 내가 관심 있고 배우고 싶은 분야와 관련된 책을 읽을 뿐이다(좀 일찍 깨달았으면 좋았으련만 나는 공부의 즐거움을 너무 뒤늦게 알았다). 그런데 아이들이 자꾸 내 옆에 앉아서 자기들 책을 읽는다. 신랑이 회사에 다니며 공인중개사 시험을 준비했다. 부부가 마주 보고 앉아 공부하면 아이들이 쪼르르 달려와 양옆에 한 명씩 앉아 그림을 그리거나 숫자공부를 한다. 처음에는 내 공부에 빠져서 아이들이 옆에 앉아있건 놀건 신경 쓰지 않았다. 그런데 우리 부부가 공부할 때마다 옆에 붙어 있는 아이들을 발견했다. 놀라웠다. 이것이야말로 일거양득의 효과라고 할 수 있지 않을까?

사실 대기업 다니는 맞벌이 부부가 공부할 시간을 마련한다는 것은 쉽지 않다. 우리 부부는 이 시간을 확보하기 위해서 일과를 축소하고 최대한 단순화 시켰다. Easy 시스템을 구축해서 안정화시키니 하루가 정신없이 흘러가는 게 아니라 안정적으로 흘러가는 것을 경험하게 되었다. 안정적으로 흘러가는 일과에서, 한두 가지의 불예측적인 상황은 통제할 수 있다. 그러나 정신없이 흘러가는 상황에서 불예측적인 상황이 발생한다면 아침마다 전쟁 같은 상황이 발생하게 되는 것이다. 시간이 없는 게 아니라 충분히 만들 수 있다. 나의 일과를 잘 생각해보자. 퇴근 후 분명히 핸드폰으로 기삿거리 검색할 시간은 있었을 것이다. 자투리 시간이라도 허투루 보내지 말자.

✖ 맞벌이 부부 가심비(價心費) 최고의 럭셔리 휴가

나는 여행을 사랑한다. 특히 결혼 전에는 홀로 떠나는 여행을 즐겼다. 누군가와 함께 하는 여행은 여행이 아니라 오히려 스트레스가 되는 경우가 많았다. 기상 시간도 다르고, 가고 싶은 곳도 다르고, 먹고 싶은 것도 달랐다. 오히려 혼자 하는 여행은 내 마음대로 할 수 있어서 좋았다. 돌아다니다가 카페에 가고 싶으면 가고, 혼자 사색하는 시간은 더없이 좋았다. 나의 미래를 꿈꾸기도 하고, 앞으로 어떻게 살아갈지도 생각하고…, 되돌아보니 참 귀한 시간이었다.

내 위주로 돌아가던 삶은 두 아이의 엄마가 되면서 많이 바뀌었다. 아쿠아리움, 동물원, 키즈카페, 도서관, 공원 등 참 많이도 돌아다녔다.

나는 주말 중 하루는 출근해야 하므로 가족과 함께할 수 있는 주말 하루는 더없이 소중했고 헛되이 보내지 않으려고 뭐든 찾기 시작했다. 그러다 보니 어느 순간 남편과 나는 조금씩 지치고 있었다. 쉬는 날도 없이 일주일을 풀로 근무하는 느낌이었다. 회사에 출근해서도 피곤함을 없애기 위해 수시로 커피를 마셨다. 그러다 문득 이런 생각이 들었다.

'몸이 힘들다. 휴가다운 휴가, 주말 같은 주말을 보내야겠다.'

'너무 아이들한테만 맞추지 말고 우리도 즐기며 보낼 수 있는 휴식을 보내자.'

뭔가를 해야 한다는 압박감에서 벗어나니 마음이 한결 가벼워졌다. 휴가철이면 으레 어느 나라로 떠나는지가 주요 관심사다. 여가가 중요해진 요즘, 휴가시즌이면 대부분 해외로 떠난다. 혼자일 때는 모르지만 어린아이들을 데리고 짐을 바리바리 싸 들고 해외로 나가는 가족을 보면 존경스럽다. 공항까지 이동하는 시간, 왕복 비행시간, 아이가 갑자기 아플지도 모르는 부담감 등을 따져보면 낭비하는 시간과 체력이 아깝다. 우리는 아이들이 해외에 나가서 온전히 느낄 수 있는 때가 되면 그때 나가기로 하고 그 돈으로 국내에서 럭셔리한 휴가를 보냈다. 보여주는 휴가가 아니라 우리 부부를 위한 그리고 우리 가족을 위한 온전한 휴식을 즐기기로 했다.

_평소에는 특급호텔, 휴가철에는 집

일과 육아로 지친 그대여, 휴가철에는 제발 좀 쉬자! 지금부터 맞벌이 부부를 위한 스마트한 휴가를 제안한다. 휴가철에는 어디를 가든 사람들로 붐빈다. 게다가 어디를 가나 비싸다. 한마디로 가성비가 굉장히 떨어진다. 휴가철을 피해 휴가를 즐길 수 있는 방법이 있다.

맞벌이 부부는 전날까지도 업무에 시달리다가 휴가준비로 아이들 짐을 한바탕 싸고 나면 출발 전부터 이미 지쳐있다. 하지만 우리 부부는 남들과 반대로 움직였다. 아침에 출근해서 저녁에 퇴근하는 맞벌이 부부는 남들에게는 일상적인 일조차 못 하는 것들이 있다. 사실 주말 이틀도 따지고 보면 이틀이 채 안 된다. 일요일 오후부터는 다음날 출근 준비로 마음이 불편해지고 외부일정을 가급적 줄이기 때문이다. 휴가야말로 집에서 가족들과 마음의 여유를 마음껏 누릴 수 있는 시간이다. 온전히 우리 가족에게만 집중하면서 말이다. 심지어 돈도 거의 들지 않는다! 정성껏 한 상 차려서 아이들과 여유 있게 식사하는 것, 가족들과 영화 보고 집 앞 산책하기 등. 그리고 이때 절약한 돈을 평소에 럭셔리하게 즐기면 된다.

우리 부부는 럭셔리한 곳을 좋아한다. 그냥 럭셔리가 아니라 그만큼의 값어치를 하는 곳 말이다. 그래서 놀러 가서 궁상맞게 아끼기보다는 쓸 때는 화끈하게 쓰되 불필요한 지출은 절대 하지 않는다. 비싸더라도 그 이상의 만족감을 준다면 그것으로 충분하다. 특급호텔은 성수기와 비수기에 가격 차이가 크다. 하지만 서비스 퀄리티는 차이가 없다. 한마디로 비수기에 특급호텔에 가면 가성비가 굉장히 뛰어나다. 남들 없을 때 여유롭게 특급호텔의 서비스를 누리는 것이다. 아이가 어릴수록 이 방법은 부모와 아이 모두 만족도가 높다. 준비하고 이동하는데 시간과 체력 소모가 적고 신경 쓸 것이 거의 없다. 아이는 수영장에서 물놀이를 즐기고 부모는 뜨끈한 자쿠지에서 피로를 푼다. 호텔 주변을 산책하고 다음 날 훌륭한 조식으로 배를 채울 수 있다. 게다가 요즘은 다양한 패키지가 있어서 알차게 하루를 보내다 올 수 있다. 오로지 즐기는 것에만 맞추면 된다.

우리 부부도 힐링이 되니 기분이 좋아지고 아이에게도 온전한 사랑으로 대할 수 있었다. 우리 가족 모두가 만족하는 여행이었다. 맞벌이 부부에게 이보다 더 좋은 휴가는 없을 것이다.

_맞벌이 부부 가족이 즐긴 최고의 호텔/리조트

아이가 한 명일 때는 호텔을 추천, 두 명 이상은 리조트나 펜션을 추천한다. 호텔 최저가를 검색하여 예약하면 저렴하게 다녀올 수 있다.

표 23 우리 가족이 즐긴 호텔/리조트 List

구분	호텔/리조트	특징
호텔	반얀트리 클럽앤스파 서울	객실 내 릴렉세이션 풀이 있어 편하게 스파를 즐길 수 있다.
	하얏트호텔(남산)	특급호텔 중 수영장과 자쿠지 시설 만족도가 가장 높았다.
	웨스틴조선호텔	호텔 레스토랑이 뛰어나다. 조식부페 아리아와 중식당 홍연 추천.
	신라호텔	설 패키지로 공연과 함께 무제한 와인을 즐겼다.
	메리어트호텔(여의도)	유아풀이 크고, 어른들을 위한 자쿠지 시설도 뛰어나다. 취사 가능.
	워커힐호텔	한강과 아차산에 둘러싸여 도심 속 자연에서 힐링할 수 있다.
	워커힐호텔(글램핑)	굳이 멀리 떠나지 않고, 몸만 가면 되는 캠핑. 맞벌이 부부 추천.
	메이필드호텔	서울 특급호텔 수영장에는 없는 돌고래 슬라이딩이 있다.
	롯데호텔(잠실)	롯데월드, 뽀로로파크, 키자니아 등 호텔 패키지를 이용하면 좋다.
	롯데호텔(제주)	산책로, 키즈클럽, 사계절 온수풀 모두 만족스럽다.
	하얏트호텔(인천)	수영장이 3개나 있고, 짐보리 월드는 아이들에게 인기가 좋다.
	롤링힐스호텔	서울에서 거리대비 시설이나 음식 면에서 만족도는 덜했다.
리조트/ 온돌룸	롯데리조트(부여)	문화와 역사를 체험하고, 프리미엄 아울렛에서 쇼핑도 가능하다.
	곤지암리조트	화담숲이 유명하다. 수영장은 가격대비 만족도가 떨어졌다.
	이천미란다호텔	타요룸 2층 침대는 아이들이 또 가자고 할 정도로 좋아한다.
	경원재 한옥호텔	한복을 준비해가서 아이들 사진을 찍었는데 소중한 추억이 되었다.
	에버랜드	야간까지 놀고 홈브리지 투숙 후 다음 날 아침부터 풀로 즐겼다.

[사진 22] 휴가지에서 우리 아이들의 모습

_멀리가지 않아도 즐길 곳은 사방에 널렸다

주말이 되면 아이들과 충분히 놀아주리라 다짐하지만, 몸이 쉽게 따라주지 않는다. 전날까지 일하고 주말이 되면 긴장이 풀려 안 아프던 곳까지 쑤셔오기 시작한다. 전날 아이들과 근교라도 다녀와야지 하고 야심 차게 준비했던 계획이 물거품처럼 사라지는 일도 많았다. 아이들에게 미안함과 죄책감이 몰려왔다. 그런데 곰곰이 생각해보니 꼭 미안해할 필요가 없다는 것을 알게 되었다. 어디가 되었든 아이들과 최선을 다해 놀아주면 되는 거였다. 그때부터 무리해서 계획을 잡지 않았다. 당일 컨디션과 기상 상황에 따라 즉흥적으로 일정을 짰다. 컨디션이 좋을 때는 차를 타고 나갔다 오기도 하고 또 어느 날은 아무것도 안 하고 쉬기도 했다. 집과 가까운 곳 중에서 아이들이 좋아할 만한 곳을 몇 군데 알아두었다가 아이들에게 제안하여 선택된 곳으로 다녀왔다. 부모와 아이 모두 만족하게 되었다.

여외도 맞벌이 부부가 잘사는 법

❶ 박물관 투어

서대문 자연사박물관, 현대모터스튜디오, 국립중앙박물관(어린이박물관), 서대문 경찰박물관, 서대문 역사박물관, 이태원 리움미술관

[사진 23] 우리 아이들의 박물관 투어 당시 모습

❷ 동물원/공원

하늘공원, 여의도공원, 여의도 샛강공원, 용산가족공원, 과천 서울대공원, 어린이대공원, 서울숲(나비가든, 곤충박물관, 사슴 먹이 주기 등), 아쿠아리움

❸ 근교

양평 두물머리, 파주 보광사, 용문사, 파주 프로방스, 가평

_서점은 심심하면 가는 곳

나는 장롱면허 소유자다. 주변 사람들은 아이가 둘이면 엄마가 차를 운전해야 한다고 하는데 나는 아직 큰 불편을 못 느끼고 있다. 왜냐하면, 신랑이 없을 때는 아예 먼 곳에 갈 생각을 안 하고 가까운 곳은 대중교통으로 다녀오면 되기 때문이다. 오히려 덕분에 먼 곳으로 다니면서 불필요한 에너지를 낭비하지 않았고, 가까운

서점을 아이들과 굉장히 자주 갔다. 아이들은 나하고 있을 때 엄마가 운전을 못해서 멀리 못 나간다는 것을 알아서 서점에만 나가도 엄마 최고라고 외친다. 집에서 놀다 심심하면 아이들을 데리고 서점에 갔다. 장난감은 안 사줘도 책은 한 권씩 고를 수 있도록 허용하기 때문에 서점에 가면 눈에 불을 켜고 원하는 책을 고른다. 가끔 두 권 사면 안 되냐고 간곡히 부탁할 때도 있다. 그럴 때는 선심 쓰는 척 두 권을 사주기도 한다. 나는 밀당의 여신이다. 연애할 때만 밀당이 필요한 게 아니라 아이를 키울 때도 밀당이 필요하다. 밀당을 잘하면 상대를 애태우면서 내 페이스대로 끌고 올 수 있다.

서점에 가서는 아이들이 마음껏 돌아다니고 탐색할 수 있도록 둔다. 아이들은 이 책 저 책 펼쳐보고 좋아하는 책을 고른다. 둘째는 소리 나는 책을 하나씩 눌러보고 음악이 나오면 몸을 흔들기도 한다. 그러다 좋아하는 캐릭터가 나오는 책을 발견하면 의자에 가서 읽어달라고 한다. 그러면 그때 최선을 다해 재미있게 읽어주면 된다. 서점에서는 '하지 마라.', '하면 안된다.' 등의 부정적인 말은 하지 않았고 대신 서점에서 지켜야 할 규칙만 미리 알려주었다.

[사진 24] 서점에서의 우리 아이들의 모습

여의도 맞벌이 부부가 잘사는 법

✖ 변화하는 환경에 맞춘 맞벌이 부부의 교육법

이제는 변화하는 환경에 맞추어 교육해야 한다. 기존에 하던 대로 해서는 아무짝에도 쓸모없는 교육이 될 것이다. 주입식, 암기식 교육이 한물갔듯이, 공식을 외우고 학원에 다니며 똑같이 찍어내는 교육은 지금은 물론이고 우리 아이들이 성장했을 때에는 더더욱 불필요할 것이다. 세상에 정보가 널렸다. 손가락만 까딱하면 얼마든지 원하는 정보를 검색해서 찾을 수 있다. 웬만한 직업을 로봇이 대체하여 수만 개의 직업이 사라질 것이라고 한다. 우리 아이들을 실업자로 만들고 싶지 않다면 어느 것이 중요한지 잘 판단해야 한다.

4차 산업 시대에는 인성, 창의력, 융합, 교류능력/커뮤니케이션 능력이 주요할 것이다.

_호기심 많은 아이 → 창의력, 융합

나는 우리 아이들이 호기심을 갖고 세상을 살아가기를 바란다. 그래서 아이가 어릴 때부터 위험하지 않은 것은 다 해보도록 허용한다. 아이들은 이것도 해보고 저것도 해보고, 이렇게도 해보고 저렇게도 해보고 다양한 경험을 하며 세상을 알아간다. 창의력은 많은 경험을 해보고 그 경험들을 서로 조합하여 만들어지는 것이다. 무에서 유를 창조하는 것이 아니라 유에서 유를 창조해내는 것이다. 창의력이 중요하다고 해서 갑자기 길러지는 것인가? 절대 그렇지 않다. 아이의 일상이 더해지고 더해져서 만들어지는 것이다. 내가 사교육을 시키지 않는 이유는 바로 여기에 있다. 학원 선생님이 지식을 주입하는 형태의 교육에서는 스스로 생각하는 능력을 잃게 된다. 공부하면서도 의문을 갖고 스스로 문제를 해결하는 과정을 통해 생각의 범위가 확장되는 것이다. 학원에 다니는 시간에 나는 우리 아이들이 더 많은 경험을 해볼 수 있도록 도와줄 예정이다.

우리 아이가 서울대학교를 나와 대기업에 들어가면 성공하는 것인가? 의사가 되고 변호사가 되면 성공한 인생인가? 아이의 꿈은 부모가 결정짓는 것이 아니다. 아이가 스스로 하고 싶은 일을 찾아내야 한다. 부모는 그것을 찾을 수 있도록 도와주는 역할을 해야 한다. 아이들이 꿈이 있고 좋아하는 일을 하면서 행복한 인생을 살기를 원할 뿐이다.

_ 좀 놀 줄 아는 아이 → 교류능력/커뮤니케이션 능력

나는 우리 아이들이 유머도 있고, 소위 친구들 사이에서 좀 놀 줄 아는 아이가 되었으면 좋겠다. 공부밖에 모르고 커서 노는 것도 모르고 재미없는 사람과는 별로 어울리고 싶지 않다. 집중할 때 집중하고 즐길 때 즐기는 사람 그리고 세상과 소통하는 사람이 되었으면 좋겠다. 살다 보면 도무지 대화가 힘든 사람이 있다. 그런 사람과는 함께 일하고 싶지도 않고 어울리고 싶지도 않다. 일부만 그렇게 느끼면 다행이지만 대부분의 사람이 동일하게 느낀다. 그런 사람들은 대중과 멀어지게 되어있다. 이 세상을 혼자만 살아간다면 문제없겠지만, 앞으로의 세상은 그렇지가 않다. 다양한 기술이 융합되어 신기술을 만들어내는 세상에서는 다양한 직종의 사람들이 서로 교류하고 커뮤니케이션하는 능력이 필요하다.

나는 아이들이 공부만 하며 크는 것이 아니라 이 세상을 마음껏 즐기며 클 수 있도록 해준다. 잘 노는 아이는 사회성도 좋다. 이것 저것 해보고 많이 놀아본 아이는 친구들 사이에 인기도 많고 자신 감도 커지게 되어있다. 놀이를 마음껏 즐기고 다양한 체험을 해볼 기회를 열어준다. 노는 것도 놀아본 아이가 잘 논다. 안 그래도 학교에 들어가면 놀 시간도 줄어드는 데 어릴 때 안 놀면 도대체 언제 논다는 말인가! 아이들이 마음껏 놀 수 있도록 해줘야 한다.

_가족의 의미를 아는 아이 → 인성

우리 부부는 아이들에게 무한 사랑을 베풀면서도 한 가지 엄격했던 것이 있다. 바로 버릇없이 무례하게 행동하는 상황에서는 굉장히 엄격했다. 한번은 아이가 부모를 때리는 상황에서 부모가 아이에게 아무런 제재를 가하지 않고 가만히 있는 상황을 보고 굉장히 놀랐던 적이 있다. 그 가정에서는 그 상황이 이미 한두 번 일어난 일이 아닌것 같았다. 아무리 사회가 자유롭게 소통하고 부모와 자식 간에 격식이 없다고 하지만 사람과 사람 사이의 지켜야 할 예절과 도리는 동서고금을 돌아봐도 변하지 않는다. 로봇이 사람 일을 대체하고 기계화 자동화가 되어갈수록 사람 사이의 신뢰와 믿음, 곧 인성은 더욱 중요해질 것이다.

대한민국의 워킹맘에게 👩

 대학 졸업 후 대기업에 입사하여 근무한 지 10년이 넘었다. 돌아보면 내 인생에서 한 번도 때를 놓치는 일이란 없었다. 제때 대학에 입학했고, 어학연수를 가겠다고 휴학했어도 대학교 성적이 좋아 조기졸업을 할 수 있었다. 힘들다는 취업도 한 번에 통과하여 당당하게 대기업에 입사했다. 회사에 다니면서도 대학원에 진학하여 야간에도 공부했고 제때에 대리로 승진도 할 수 있었다. 모든 게 노력한 대로, 뜻하던 대로 되었다.

 그런데 두 아이를 낳고 휴직 후 승진에 밀리면서 자꾸만 뒤처지는 느낌이 들었다. 주변 사람들의 위로도 나에게는 위로가 아니었다. 내 자존심의 문제였기 때문이다. 그만두겠다는 생각이 하루에도 수십 번씩 들었지만, 나를 잡아준 것은 다름 아닌 우리 아이들이었다. 우리 아이들에게만큼은 자랑스러운 부모가 되고 싶었다. '그래, 꾹 참고 한 해만 더 달려보자.'

 승진 누락을 경험하면서 쓰라린 경험을 많이 했다. 회사에 대한 부정적인 생각들이 나를 괴롭혔지만 이겨내야 했다. 나 자신과 싸

움의 시간이었고 내공도 많이 쌓였다.

'올해가 마지막이야.'라는 생각으로 달렸다. 드디어 과장으로 승진했다. 제때 승진을 했다면 그 기쁨이 더욱 컸을 텐데 후배들과 승진 대열에 서서 좋다고 한턱 쏘고 신나 할 기분만은 아니었다. 조금 늦게 가지만 괜찮다. 두 아이를 누구보다 행복하게 잘 키웠고, 아이와 잊지 못할 추억도 많이 만들었다. 다시 시간을 되돌린다고 해도 나는 다시 육아휴직을 할 것이다. 일보다도 소중한 것이 우리 아이들이고 우리 가족이기 때문이다.

나는 두 아이의 학원비 때문에 회사를 다니는 것이 아니다. 아이들에게 사교육을 시킬 생각도 없고, 이는 앞으로도 변함없을 것이다. 나는 인생을 즐기고 꿈을 이루기 위해 회사에 다닌다. 남들보다 좀 늦게 가지만 회사에서 인정받는 워킹맘이 되기 위해 더욱 노력할 것이다. 워킹맘은 회사와 가정일 둘 다 잘하는 것이 불가능할 거라고 생각하지만 그렇지 않다. 충분히 가능하다. 나는 이른 출근, 늦은 퇴근, 주말 출근 등 온갖 악조건 속에서 일하고 있다. 내가 해냈으면 다른 사람도 해낼 수 있다. 더 잘할 수 있을 거라 확신한다.

맞벌이 부부는 일과 육아를 모두 하느라 부부가 둘 다 힘이 들지만 그럴수록 서로를 더 잘 이해해주고 격려해주며 서로에게 힘이 되어주어야 한다. 우리 부부가 결혼 6년이라는 짧은 시간 동안 이렇게 이뤄낼 수 있었던 원동력은 다름 아닌 대화다. 대화를 하다 보면 처음에는 농담으로 시작하지만, 날이 갈수록 진지해지고 생산적인 대화가 오가게 된다. 그런 대화가 시작이 되어 우리는 계획을 실천하고 하나씩 이루어 나갔다. 그게 바로 다른 부부들과의 차이다. 혼자서만 했다면 시간도 오래 걸리고 참 힘들었을 것이다. 육아도 재테크도 같이 하니 힘이 되고 속도도 훨씬 빨라졌다.

육아는 여자가 더 잘한다는 편견을 갖고 있지만 실상 그렇지 않다. 그것은 오래된 편견일 뿐 실제로 남자들도 아이를 굉장히 잘 본다. 힘이 좋아서 아이를 안고 이리저리 돌아다니며 자장가도 우렁찬 목소리로 불러주고, 아이와 놀아줄 때도 에너지가 넘친다. 여자는 재테크에 약하다고 하지만 실제로 여자들은 악착같은 면이 있어서 집을 매매할 때 가격 협상도 잘하고 물건도 잘 본다.

남자, 여자 누가 더 잘하고 누가 더 못하는 것은 없다. 오랜 관습이 그렇게 만들었을 뿐이다. 누구든 하다보면 더 잘하게 되어있다. 그리고 이것을 부부가 같이한다면 당연히 시너지가 날 수밖에 없다. 이 책을 부부가 함께 읽기를 바란다. 평범했던 우리 부부가 해낸 것처럼, 이 책을 읽는 부부 또한 반드시 해내게 될 것이다.

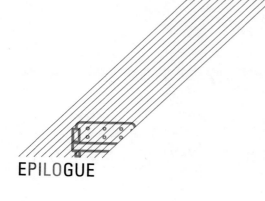

EPILOGUE

대한민국 보통의 직장인 31살 남자와 29살 여자가 만나 '맞벌이 부부' 가정을 이룬지도 이제 6년이 넘었습니다. 사랑만으로 시작한 우리가 저희 부부의 '노후'와 '아이'라는 두 가지 미래에 대한 고민을 희망으로 채워가기 위해 했던 많은 노력을 이렇게 독자 여러분에게 선보일 수 있게 되어 너무나도 기쁘게 생각합니다. ^^

얼마 전 회사 후배에게 육아서를 추천해 주었는데 저에게 너무나도 고맙다는 말을 전해왔습니다. 단지 책을 한 권 읽었을 뿐인데 아내의 태도가 너무나도 달라졌다는 것이었죠. 지금까지 자기 부부가 해 왔던 것들이 모두 아이들을 위한 것이 아니라 저희를 위해서 하는 것이었다는 걸 깨달았다는 말이었습니다.

저희도 이렇게 책 한 권으로 사람들에게 변화를 주는 저자가 되고 싶습니다. 육아에서도, 재테크에서도 말입니다.

책의 내용 중 '유모차'와 '토지' 매수를 비교한 부분이 생각나십니까? 유모차를 살 수 있다면 토지도 살 수 있듯이, 평범한 저희 부부가 이만큼 이루어 냈다면 독자 여러분도 물론 우리보다 더 잘 해낼 수 있다고 생각합니다.

여러분에게 또, 우리에게는 시작, 실행. 단지 이 두 단어만이 필요할 뿐입니다.

운이 좋아 다시 저희 부부의 업그레이드된(?) 내용을 알려 드릴 기회가 된다면 다시 한번 더 책으로나마 뵐 수 있었으면 좋겠습니다.
그때까지 힘들지만 즐거운 육아, 돈이 없어 고민하기보다는 돈을 어떻게 굴릴까 고민하는 여러분이 되길 바라며 이만 글을 줄입니다.

여외도 맞벌이 부부가 잘사는 법